亳州学院2017年度人文社科重点研究项目
"法治意识与道德自觉的关系研究"（项目编号：BKR2017B06）
亳州市2019年度哲学社会科学规划课题
"庄学文化在新时期的社会价值研究"（项目编号：2019014）

ZHUANGZI SHENGMING ZHEXUE DE NIANGSHENG JIQI SHEHUI XIAOYING

庄子生命哲学的酿生及其社会效应

董晓红◎著

U0742064

安徽师范大学出版社

·芜湖·

图书在版编目（CIP）数据

庄子生命哲学的酿生及其社会效应 / 董晓红著 .—芜湖 : 安徽师范大学出版社, 2019.10（2020.11 重印）

ISBN 978-7-5676-4218-8

Ⅰ.①庄… Ⅱ.①董… Ⅲ.①庄周（约前 369–前 286）– 生命哲学 – 哲学思想 – 研究 Ⅳ.①B223.55

中国版本图书馆 CIP 数据核字（2019）第 237342 号

庄子生命哲学的酿生及其社会效应 董晓红◎著

责任编辑 : 辛新新

责任校对 : 潘 安

装帧设计 : 张 玲

责任印制 : 桑国磊

出版发行 : 安徽师范大学出版社

芜湖市九华南路 189 号安徽师范大学花津校区

网　　址 : http://www.ahnupress.com/

发 行 部 : 0553-3883578　5910327　5910310（传真）

印　　刷 : 苏州市古得堡数码印刷有限公司

版　　次 : 2019 年 10 月第 1 版

印　　次 : 2020 年 11 月第 2 次印刷

规　　格 : 700 mm × 1000 mm　　1/16

印　　张 : 11.25

字　　数 : 155 千字

书　　号 : ISBN 978-7-5676-4218-8

定　　价 : 42.80 元

引　言

　　走进庄子，是他的逍遥让我们自由呼吸；是他的洒脱带我们进入生命的精神家园；是他汪洋恣肆的文笔所流露出的安身立命之道，带给了我们丰富的生存智慧；从齐物、体道、安命中实现心灵自由，脱离生命困境。

　　"知道易，勿言难。知而不言，所以之天也；知而言之，所以之人也；古之至人，天而不人。朱泙漫学屠龙于支离益，单千金之家，三年技成而无所用其巧。圣人以必不必，故无兵；众人以不必必之，故多兵；顺于兵，故行有求。兵，恃之则亡。小夫之知，不离苞苴竿牍，敝精神乎蹇浅，而欲兼济道物，太一形虚。若是者，迷惑于宇宙，形累不知太初。彼至人者，归精神乎无始而甘暝乎无何有之乡。水流乎无形，发泄乎太清。悲哉乎！汝为知在毫毛，而不知大宁！"①庄子认为，古人体察自然而不关注人为。圣哲之人对于必然事物没有争论，不固执或者不与人持拗，有些普通人却硬要把非必然的东西视作必然，因而总是屈从于纷争而不休。

　　赠予酬答，世俗之人在浅薄的事务上耗神费力，不懂得宁静、和自然，最终身形劳苦却依然被宇宙的浩瀚所迷惑，不能了解混

① 陈鼓应.庄子今注今译：全三册[M].北京：中华书局，1983：886-889.

沌始初的真谛。真正有道德修养的人，精神有着清虚空寂的境域，让心自然而然地回归到鸿蒙初开的原始状态，安静恬适，逍遥无待。

生命意识是人类的一种自觉、自省意识。庄子正是因为处在狼烟四起、百姓流离失所的年代，才有了珍爱生命的觉醒。庄子对生命的终极关怀，为我们呈现出生命的本质是爱、善、美的统一。爱与善应是我们最根本的生存方式，然而，这个社会，这个世界，人的行为并不是只用"道德""良知"就能约束住的，也不是只有"希望""悲悯""慨叹"甚或"憎恨"就可以解决的，人类需要心灵的教化，需要自我生命意识的提升。人类可以通过唤醒生命意识，培养顺适自然的心性，使生命得到润泽，让生命焕发出应有的光彩。

我们庆幸生活在和平年代，然而生命本身的价值与意义是否就无需观照了呢？当我们把个体生命融入生生不息的万千气象时，当我们被无穷的欲望所困扰时，我们的内心是否真的自由与平静呢？我们不妨以庄子为明镜来映照一下！

"精""气""神"是联结"道"与人的生命的纽带。庄子认为，"道生万物"，以"道"为本源，通过对"精""气""神"的阐释，解释了人的个体生命与"道"之间的独特关系，由此提出珍惜生命，与道共存的观念与哲学命题，从珍视生命到超越生命，进而提升人类生命的价值与意义，这种对人类生命意义无限追寻的哲学思想，在当今对社会和人类仍具有巨大价值。

先秦哲学多以讨论政治理论为中心，而庄子别开生面，给予了自然和生命前所未有的关注与思索。庄子从人性自然和个体生存困境的矛盾角度出发，在关注生命存在意义的同时，强调个性自由的重要性，认为自由逍遥和自然解脱是人生本然的境界，因此，庄子提出养生、处世与精神修养的方法。

　　庄子在动荡的年代始终能坚持自我，不为物役，在天地间切身悟"道"，从乱世中求生存之道，这是何等可贵！如今，正值社会发展的重要时期，人的生存与发展及其与生态环境的关系越发值得关注，庄子的人生态度与生命情怀值得我们思考。

　　为了探析庄子生命哲学的产生、发展与影响，我们沿着中国生命哲学的发展历程，循着庄子的自然观、人生观与认识论对庄子的生命哲学展开层层分析，体验庄子对生命的超越之境。

　　庄子是在"道"的视域下关注生命的。庄子立足于人类生存的深层困境思索生命的本质，试图寻求生命超脱之路，追求自由的精神境界，努力寻找能维护人格独立、拥有生命自由、使短暂的生命具有永恒价值的途径。庄子的生命哲学虽然超迈而高蹈，其脱离人类生命困境的途径对于常人来说是难以企及的，但是其理论价值是永恒的。

　　本书主要从中国传统哲学的角度来发掘庄子思想，涉及庄子原文，均来源于陈鼓应《庄子今注今译（全三册）》（中华书局 1983 年版），特此说明。本书内容倘有不足之处，欢迎批评指正。

目　录

第
一
章

生命哲学在西方的
发展

第一节 近代理性主义思潮

在西方文化史上，文艺复兴是中世纪与近代的一个重要分界线，在黑暗的欧洲中世纪，蒙昧的敬虔扼杀了科学，抑制了理性。在中世纪，人类意识的两方面——内心自省和外界观察，一直处在一层共同的纱幕之下，处于睡眠或半醒状态，这层纱幕是由信仰、幻想和幼稚的偏见织成的……14世纪，发源于意大利的文艺复兴运动增强了人们认识自我的意识，人们开始摆脱蒙昧无知的状态。

弗朗西斯·培根在批判经院哲学的基础上创立了唯物主义经验论哲学，意识到认识自然与征服自然的可能性；勒内·笛卡儿批判上帝的说教，推崇"理性至上"的原则；随着科学技术的突飞猛进，从伽利略、牛顿到达尔文，人们开始相信科学理性解释世界的能力。但是随着启蒙思想家"崇尚人的个性自由"思想的提出，理性渐渐地被机械化了，整个世界就像是在齿轮上转动，一切都可以数量来计算，这种形而上学的方法只强调事物之间的外在关系，而忽视事物的本质与内在联系，抽象而机械地看待一切事物，什么都可以当作线、面、体来看待和描述。

第二节　现代非理性主义运动时期

休谟抨击了理性主义的独断论，否定把知识限定在经验之中，这对康德产生了重要影响。在《纯粹理性批判》中，康德认为，理性的僭越必然会出现谬误推理和自相矛盾。康德对传统认识的突破影响了柏格森对知觉和知性的划分。以法国的孔德和英国的穆勒、斯宾塞为代表的实证主义者从批判黑格尔的思辨体系出发，用力学和物理学的观点来观察生命和意识，但这种认识又只局限于现象或经验范围之内。

19世纪下半叶，文明没落的危机意识充斥着思想界，各种矛盾空前激烈，理性的王国不过是资产阶级理想化的王国。

对现实的无法忍受使得唯意志论和生命哲学应运而生。叔本华认为，"生命意志"才是真正的世界本体，他在继承康德把世界分为现象与物自体两部分的基础上提出，真正的自在之物不是上帝，也不是绝对的实在，而是生命意志，一切感性、理性的认识方式都是人的意志的工具，整个世界是生命意志的世界；克尔凯郭尔批判理性主义"漠视主观情感，忽视人的存在"这一根本前提，认为哲学应该研究人的内心世界，开启了存在主义的先河，对生命哲学也产生了深远影响；尼采亦否认理性，高扬生命本能，把权力意志看作真实的实在，崇尚心灵体验，极力探求人生意义；

狄尔泰认为，人文世界是一种内在的情感世界，是文化与精神的有机结合，其驱动者是生命，是一种精神意识，是一种内在力量，并将个体生命扩展到类生命，强调人是以生命表现为表征的完整的人；齐美尔则称一切生命力总是生生不息的。

　　法国思想家柏格森将生命哲学原则贯彻到本体论、认识论、方法论、历史观、文学艺术中，极大地丰富了非理性主义和直觉主义，使生命哲学在各个方面与传统理性主义哲学特别是实证主义相对立，其影响波及哲学、政治、文学、科学、艺术等领域。然而柏格森的意志自由不是"借助于对事物的认识来做出决定的那种能力"，而是一种盲目的意志力，强调行动是绝对自由的，脱离了客观环境，陷入了不可知论，甚至违背和歪曲了自然科学，呈现出主观唯心主义的色彩，把生命冲动当作超意识的能量时又带上了客观唯心主义的烙印，而他高扬人类精神自由的思想被中国当代新儒家所借鉴。

中国传统生命哲学
发展的主要历程及其特点

第一节　中国传统生命哲学的起源

随着人类生命意识的不断增强，人类与自然万物的关系越发值得关注，生命哲学逐渐成为中国哲学最基本的维度之一。相比较于从自然出发来进行宇宙客体思考的西方哲学，中国传统生命哲学更加彰显出其生命精神与生命关怀之情。"人道"与"天道"的贯通超越了个体生命的意义，以生命的内在仁性为维度来理解宇宙与人生，升华了伦常。在中国传统哲学中，从"有""无""空"三个维度解读宇宙生命的统一性，儒、道、佛三家都分别诠释了用生命言说哲学的意蕴，其不同路径与相通之处值得探讨，其理论基础与终极指向也有一定的启示意义。

相对于西方哲学，中国哲学的基本精神是生命精神，可以说贯彻中国传统哲学之始终的根本意蕴就是生命关怀，这种关怀使得中国哲学不像西方哲学那样侧重探讨有关宇宙客体的问题，而是更多地关注生命存在本身以及与此息息相关的东西，如生命的本源、生命的本质、生命的结构、生命的发展过程、生命的价值、生命的意义、生命的存在、生命的修养、生命的境界等。①

儒家立足于生命的内在仁性来阐释宇宙与人生的息息相关。《易经》用"生生之谓易""天地之大德曰生"来诠释天、地、人

---

① 李霞.生死智慧:道家生命观研究[M].北京:人民出版社,2004:1.

共生。张载以"民胞物与"解读"仁人恻隐"之心。王夫之以"乾坤并建"表达了天地万物及其运动方式的根本等,"人道"与"天道"贯通,升华了伦常,超越了个体生命的意义。

在人生问题上,生命哲学在中国尤其是在道家思想领域中被关注,天人合一的和谐意蕴、超脱浪漫的终极关怀、超然的清静品格,为人们营造了一个挣脱世俗、超越功名、自由栖息的精神家园。道家从生命的层面出发,追求宇宙与人生的和谐与共,用一个"道"字,将宇宙与人生紧密相连,追求人性之自然,其终极指向——"与道冥合"是道家追求的目标。

生命本身既不是一般物质,又不能单纯地被认为是一种精神,而是一种创造力和能动性。随着人类生命意识的不断增强,人们开始懂得在积极发展个人的同时也需要肯定他人的价值,需要对自然万物与人类的关系予以把握。

神话是一个民族文化与文明的源头之一,中国神话具有强烈的群体意识,注重个体服从整体,神话产生了精神文化的最初成果——以自然崇拜和鬼神崇拜为形式的原始宗教。"积恩为爱,积爱为仁,积仁为灵,灵台之所以为灵者,积仁也。神灵者,天地之本,而为万物之始也。是故文王始接民以仁,而天下莫不仁焉。文,德之至也,德不至则不能文。商者,常也,常者质,质主天;夏者,大也,大者,文也,文主地。故王者一商一夏,再而复者也,正色三而复者也。味尚甘,声尚宫,一而复者,故三王术如循环,故夏后氏教以忠,而君子忠矣;小人之失野,救野莫如敬,故殷人教以敬,而君子敬矣。小人之失鬼,救鬼莫如文,故周人教以文,而君子文矣。小人之失薄,救薄莫如忠,故圣人之与圣也,如矩之三杂,规之三杂,周则又始,穷则反本也。诗曰:'雕琢其章,金玉其相。'言文质美也。"①神话中充满着追本溯源的思

---

① 卢元骏.说苑今注今译[M].天津:天津古籍出版社,1977:651.

想，"神灵者，天地之本，而为万物之始也"，这可以说是人类的源头文化，例如大禹治水是为了解救洪水灾害中的人们，女娲补天是对地动山摇后的天地的修复，后羿射日是由于土地干涸，草木荒芜……"凡物之然也，必有故。而不知其故，虽当，与不知同，其卒必困。先王、名士、达师之所以过俗者，以其知也。水出于山而走于海，水非恶山而欲海也，高下使之然也。稼生于野而藏于仓，稼非有欲也，人皆以之也。故子路掩雉而复释之。"①古往今来，神话传说都体现着"凡物之然也，必有故"的哲学理念与精神旨趣。对神的顶礼膜拜亦与生命本源和精神文化的渊源密不可分。"惟天地万物父母，惟人万物之灵。""惟天惠民，惟辟奉天……天视自我民视，天听自我民听。""天地有始，天微以成，地塞以形。天地合和，生之大经也。以寒暑、日月、昼夜知之，以殊形、殊能、异宜说之。夫物合而成，离而生。知合知成，知离知生，则天地平矣。平也者，皆当察其情，处其形。天有九野，地有九州，土有九山，山有九塞，泽有九薮，风有八等，水有六川。"②"民受天地之中以生，所谓命也。"③这无不体现了一种对生命本源的敬畏与感激之情，天地万物是人的生命的"根"与"灵魂"，这不仅是对生命之源的崇拜，还是一种精神文化，一种宝贵的精神资源。

在宗教观上，精神世界的神性美赋予了宗教拯救意义。宗教仪式的出现源于难以抗拒的自然灾害，是一种信仰与超越的情感呈现，是以生命情感为内涵的，然而伴随着各诸侯国的不断出现，原初的图腾崇拜已难以满足社会的需要，于是，具有哲学性质的天命神学应运而生。

---

① 王晓明.吕氏春秋通诠：上下二册[M].南昌：江西人民出版社，2010：198.
② 王晓明.吕氏春秋通诠：上下二册[M].南昌：江西人民出版社，2010：277.
③ 杨伯峻.春秋左传注：全六册[M].北京：中华书局，2016：940.

夏商两代可以视作天命神学的形成期，如"乃命羲和，钦若昊天，历象日月星辰，敬授人时"。"钦若昊天"已透出天意的观念。夏商两代的统治者常视自己是上天的代言人，利用宗教特权维护自己的权利。

到了周代，天命神学逐渐成熟，随着人们对自然、宇宙法则认识的深入，天道概念开始形成，天道就是四时代御、日月更迭所体现出来的规律性。从《周易》中可以找到生命哲学的理论源头。在《周易》中，阴阳是产生宇宙生命的两种最基本的生命力，这种阴阳概念是由人类中的男女观念抽象而成的，二者有机结合，形成了最初的宇宙生命。《周易》所言八卦分别代表着天地自然运行的八个基本要素或八种现象，其中乾和坤构成父母两卦，震、巽、坎、离、艮、兑为所生三男三女，八卦相合相生，从而育化出了大千世界、宇宙万象。按其不同的属性、性能与法规，《周易》以六十四卦一一概括，随之又把这六十四卦的产生与演变法则看作是宇宙万物固有的法则——"易"，即所谓"生生之谓易"。《周易》由此构建了天人一体的宇宙生命系统，将创造生命理解为宇宙间最高尚的品德，正所谓"天地之大德曰生，圣人之大宝曰位"[①]。另外，《周易》还围绕着生命的产生、发展、延续、存在、维持、防患等重要问题一一探讨，总结生命运动的规律及过程，提倡生命的存在与超越，充满了对生命的终极关怀。

---

① 周振甫.周易译注[M].北京：中华书局，2012：333.

第二节　中国传统生命哲学的三重维度

一、"有"：儒家的生命哲学论

作为中国文化奠基的"孔孟之道"是饱蘸成就生命、提升生命之墨的倾心之笔，儒学之士们强调"乐天知命""天人合一""克己复礼""天地之大德曰生""生生之谓易"。"立德"是儒家个体生命的价值所在，将生命完善定为实现人生价值的问题，认为生命完善的过程是一个"成人"的过程，在于以积极入世的情怀不断超越自我，"修身、齐家、治国、平天下"，人的生命的圆满是一个德行圆满的过程。

"仁"是孔子哲学的精神境界，"礼"则是孔子提倡的君子行为准则，"仁义之道"最终要落实到"礼"的准则上，探讨人生的意义和道德的价值，思索生命的旨归。周敦颐倡导士子理应有崇高的志向，力争达到高尚的精神境界，并身体力行地去追求生命之意义，所追求的快乐可以超越物质条件，不管贫贱与否，依然追求内心的泰然自若。张载则有着强烈的使命感与责任感，格外强调"尽心""为天地立心""天人合一"，生动再现了这种生命境界观，"为生民立命"，渴望良好的伦理秩序与道德规范，强调生命的意义在于为国家奉献与尽忠。"良知"在王阳明这里，强调的则是"是非之心"，是高扬生命本身价值的根本，利用"格物"的途径"为善去恶"。

在理欲之辩中，孔孟强调"义以为上""去利怀义"，同时，对生命的生死存亡怀着敬畏之心。儒家一向慎言生死，从孔子"未知生，焉知死"的慨叹中，可以窥见其对生死难以把握的逃避之情，采取"疑而不问"，以"立德""成仁"来逃避自然死亡，追求精神永恒。儒家生命哲学以"天地之间人为贵""舍生取义，死而后已""死生有命，乐以忘忧"为主线，强调人的主体地位与存在价值的处世哲学，生命主体需要有仁义之心、仁爱之心，还要心胸宽广、乐观向上。可见，儒家是从实现人的自然超越性来提升社会超越与精神超越，从而达到"内圣外王"的境界，最终完善自身生命。从"有"的角度，强调人的生存意义，通过道德，将宇宙与天、地、人紧密相连。

二、"无"：道家的生命哲学论

儒家注重生命本身，道家则顺其自然生命，以"道"为准则，重视人性的高度与厚度，认为人性的自由与解放是在遵循自然的基础上实现的，通过自然和合与心灵融合而达和谐，以求实现人与自然、人与社会以及人自身的和谐，反对一切违背客观发展的行为，倡导一种个体化生命观，"重生""贵生"。

道家生命哲学从"道生一，一生二，二生三，三生万物。万物负阴而抱阳，冲气以为和。人之所恶，唯孤、寡、不谷，而王公以为称。故物或损之而益，或益之而损。人之所教，我亦教之：'强梁者不得其死'，吾将以为教父"①谈起，诠释没有过多意志左

_____

① 老子[M].上海：上海古籍出版社，2013：96.

右的生命本然状态。"天地任自然，无为无造，万物自相治理"①，说明生命发展的过程有其自然的状态及其自然的规律，"致虚极，守静笃。万物并作，吾以观复。夫物芸芸，各复归其根。归根曰静，是曰复命，复命曰常。知常曰明，不知常，妄作凶。知常容，容乃公，公乃王，王乃天，天乃道，道乃久，没身不殆"②，老子认为"道"即"自然"，奠定了生命哲学中"宇宙合一"观念的基础。

庄子从自然的哲学本质论与生命哲学方面，强调生命的真实性。其养生之主、因应自然，都是逍遥无待的反映，反对因功利性遮蔽本真，反对"终身役役而不见其成功，苶然疲役而不知其所归"③的生命体验。庄子认为，人的本性与天地自然本是和谐一致的，"人之生，气之聚也；聚则为生，散则为死"④，"道通为一"，人类与宇宙万物遵循共同的法则。老子认为，"天地相合，以降甘露，民莫之令而自均"⑤，"人法地，地法天，天法道，道法自然"⑥，若违背了自然法则，则会加速事物的灭亡，破坏自然和谐的状态，故而会导致"不知常，妄作凶"⑦，主张人类在顺其自然的基础上去关注生命价值的提升。

总之，道家是从虚极静笃的生命根源中创生出"悲天悯物"的生命哲学，涵涉宇宙万物。战乱频繁的春秋战国，生命的短暂无常难以把握，老庄认为必须遵守自然法则才能生存，老庄围绕"如何安身立命，生命个体如何能恬然安逸"这个主题展开探讨。

---

① 老子[M].上海:上海古籍出版社,2013:11.
② 老子[M].上海:上海古籍出版社,2013:34.
③ 陈鼓应.庄子今注今译:全三册[M].北京:中华书局,1983:53.
④ 陈鼓应.庄子今注今译:全三册[M].北京:中华书局,1983:597.
⑤ 老子[M].上海:上海古籍出版社,2013:67.
⑥ 老子[M].上海:上海古籍出版社,2013:52.
⑦ 老子[M].上海:上海古籍出版社,2013:34.

老子认为，"常德不离，复归于婴儿"①，人性本如赤子，是各种欲望搅乱了其道德醇厚的本性，认为只有不以身役于物，才能超脱于生死、强弱与胜败等纷扰。人为了保身养生，必须与天地万物和合而生，接受实然的命运，"不遣是非，以与世俗处"②。在与天地宇宙的沟通中体验一己生命臻至人间至善的快乐。从"无"的角度出发，道家通过"道"之"无有"将宇宙与人生联系起来。

三、"空"：佛家的生命哲学论

在中国生命思想史上，还有一种在吸收儒家的入世和道家的出世生命思想的基础上所形成的佛家禅宗学说。禅宗是佛教的中国化和世俗化，循着佛教的"生死前定"之教义，站在人生之外，把中国哲学中的儒、道精神融入佛教之中。

佛家依据缘起的宇宙观，认为作为有情有义有思想的人类的所有所为，"因"都会产生一定的"果"。大乘佛教"令一切众生皆入佛道"的精神广为流行，依据修行、遵循释尊实践而以成佛为目标，不只限于停留在痛苦之中寻求解脱，更多地强调自觉觉人、自利利他的生命理想。

佛家面对生命可能出现的苦难，在分析苦的根源的基础上指明了解脱之径，秉承博大、无畏、深沉的理念，以超验的构想促进生命不断提升、超越，以较强的忍耐力感知宽容与理解的含义，破除现实生命中的因果链条，并提出颇有价值的"于内执我"和"向外取物"，即"我执"与"法执"，超越生命的局限以达"常、乐、我、净"之境，以修心为径，不断提升生命的质量与价值。

佛家立足于生命本身，所传承的生命教育观相对豁达，主要

---

① 老子[M].上海：上海古籍出版社，2013：59.
② 陈鼓应.庄子今注今译：全三册[M].北京：中华书局，1983：939.

是通过解决现实矛盾、化解痛苦来获得自由与幸福，并通过不断提升生命境界来提升生命的价值与意义。佛家认可"苦悲"的现实存在并主张用"悟道"的方式来释怀，运用智慧修身养性，提升自身的道德境界与思想认知。但其中，佛家提倡的远离红尘、远离纷扰，有其"空"与"虚幻"的视域。

总之，佛家生命观是以"自然""本心"来理解"佛性""自性"的，自觉的本然生活就是全部的宗教修持，就是"自觉觉人"。

四、儒、道、佛生命哲学的分野和融通

中国传统哲学是关于人生的学问，把生命视为万物所成之体的根源，存在于天、地、人之间，以"天人合一"的理念去思索、安顿和调节生命，其中，不同的学派对生命的认识具有不同的观点，但综其旨意多有相通之处。

从终极关怀的观点着眼，儒家思想隐含的宗教性是源于对天命和祭祀的重视，认为上天的意志是通过"仁"来实现的，从人在宇宙中的地位来阐释生命的价值。儒、道的"天人合一"思想与佛教的"缘起论"思想有相通之处，都认为人的生命价值要通过人的道德行为与道德自觉来体现。儒家的生命哲学主要体现在"和"的观念上，这种中和理念透露着人们对和谐的向往，向往天人合一、心物合一，向往人与自然都洋溢着和谐之美，这也是"仁"的充分展现。儒家的"仁"与道家的"天人合一"以及佛教的"众生平等"思想都体现了生命的内在价值。

在道家看来，道与气是宇宙间万事万物共同的生命本源，尽管以天道自然为宗，其落脚点仍然是生命的存在。老子重视养生术，其思想开辟了道家生命哲学探索的先河。老子认为，"道"是

涵涉万物的原初和合境。"道冲，而用之或不盈。渊兮似万物之宗，挫其锐，解其纷，和其光，同其尘，湛兮其若存。吾不知谁之子，象帝之先。"①庄子认为，"夫道，有情有信，无为无形……自本自根，未有天地，自古以固存"②，"天地与我并生，而万物与我为一"③。佛家强调的圆融之境，即生命意义的圆满，在禅学看来，圆就是禅，是宇宙本体与生命本体的圆融。禅宗的境界由庄子的境界延伸到现实人生之中，身处尘世，一尘不染。

从两汉时期的"究天人之际"到隋唐时期的推本"性情之原"，再到宋明时期的"理欲之辩"，都是从生的角度探讨人文的历史意义，都是关注人生人性问题，要追溯理论源头还要从《周易》说起。《周易》是中国古代生命哲学的理论源头，《周易》浓郁的生命关怀对中国哲学产生了深远影响。儒、道两家从不同方面传承了《周易》的生命意识，儒家侧重群体生命意识，道家则从个体生命中发扬《周易》的生命意识。从老子的"长生"，到庄子的养生、杨朱的"重己"及黄老学派的养生之术，从生命的"存在"到对生命的"超越"，凸显了对生命意识的渐近式的传承，在此过程中，《周易》对生命的终极关怀得到充分展现。

中国传统生命哲学，在儒、道、佛的各自展现中，充分诠释了心灵与生命的最高境界，孕育出重日用伦常、鸢飞鱼跃的生命化哲学与美学思想。

五、中西生命哲学的理论基础与终极指向

用建立在自然哲学基础之上的西方生命哲学来反观中国生命

---

① 老子[M].上海：上海古籍出版社，2013：9.
② 陈鼓应.庄子今注今译：全三册[M].北京：中华书局，1983：199.
③ 陈鼓应.庄子今注今译：全三册[M].北京：中华书局，1983：80.

哲学的理论基础与终极指向，会使得中国生命哲学的理论基础与终极指向更为清晰。

（一）理论基础

西方生命哲学多从本体论、认识论出发，涉及现象学、人本主义、结构主义等，主体、客体的界限是非常分明的，主体和客体的关系是横向的心灵超越，属于"外在超越"。

生命哲学在中国传统文化土壤的孕育中逐渐产生和发展起来，因此，特定的生存条件、观念意识势必影响中国生命哲学发展的脉络，同时受天人关系、身心关系等影响，产生了知行合一、体用合一等思想。中国哲学在根本上是一种人生哲学，或心性之学、内圣外王之学，涉及的具体问题域大致包括天人论、品格论、功夫论、境界论①，基本属于"内在超越"。尤其是关于生命道德，如儒家通过道德，从"有"的侧面将天、地、人联系起来，使宇宙与人生融为一体；道家通过"道"之"无有"，从"无"的视阈启程，将宇宙与人生紧密关联起来，而其终极指向都是使人获得内在超越。

（二）终极指向

中国哲学区别于西方哲学的特质之一就是以"生命"为中心。②中国生命哲学一直呈现出经久不衰的思想魅力，道家高扬自然人生境界的思想，为人类提供了永恒的自由畅想。

在中国传统文化中，"命"往往被认为是被动的，如"死生由命，富贵在天"，讲的是情感的超越，在认识方面多停留于经验层次，类似于古希腊哲学中的实践智慧：人受命运支配。西方生命

① 胡伟希.中国哲学概论[M].北京：北京大学出版社,2005:7.
② 牟宗三.中国哲学的特质[M].上海：上海古籍出版社,1997:6.

哲学更多地讲认识的超越，在情感领域则多停留于经验、感性层次。中西生命哲学都承认人是被接受的存在，差异是：西方哲学家惯于寻找其被动存在的根据，追本溯源，故有怀疑论和形而上学的追问；中国传统文化在不怀疑生命的基础上，更关心的是有了生命之后如何去做，这就是为人处世的哲学、人生哲学。

以儒、道、佛为主干的中国传统生命哲学围绕"生命"这一主线，以不同的路径对生命智慧进行了阐发，从而探讨了生命的意义，构筑了中国生命哲学的基本精神。儒家寻求生命的安顿，从"入世"的立场出发，意在表明担当意识与责任意识；佛家看破生命之苦的真相，从"出世"的立场来追寻生命之苦的解脱之路；道家则以追求个体生命的洒脱与本真来实现内心的超越。这些思想为今天的生命教育提供了宝贵的思想资源。

六、启示

生命哲学逐渐构成了中国哲学发展的内在脉络。从神话、宗教到周代的神学，从传统儒、道、佛哲学到现代的新儒学等，都是基于对生命的思索与追问而进行的哲学构建，用宇宙与生命和谐、"天人合一"等来阐释哲学问题。另外，生命是人生的载体，中国哲学发展的方向之一仍然是宇宙与个体生命相统一成为超越诉求的生命哲学，这将为未来中国哲学的发展提供可靠的参照路径。

儒以养德——儒家生命哲学彰显了中国传统文化积极进取的一面，重视人的责任与义务，强调人的道德生命、社会生命。道以养生——道家虽然有消极隐退之色彩，然而，道家明示了自然生命与个体生命的价值，追求"全性葆真"的境界，正说明了人的生命还有个体性、本真性的一面，体现为"物固有所然，物固有所可。无物不然，无物不可"①。生命也不可避免地需要保持自然本性，"无以人灭天，无以故灭命"②。

中国传统生命哲学告诫我们，在不忘担当与进取的同时，不可以缺少深沉、博大的自然与洒脱之情。这成为当代人进行自我生命教育的宝贵精神资源。

---

① 陈鼓应.庄子今注今译:全三册[M].北京:中华书局,1983:69.
② 陈鼓应.庄子今注今译:全三册[M].北京:中华书局,1983:461.

第
三
章

庄子生命哲学产生的
时代基础

第一节　楚淮文化对庄子生命哲学思想的影响

　　庄子关注人的生命存在状态如此热切，究其根源，在于庄子所处的时代及道家学说的文化理论渊源，其中，楚淮文化与老子的生命哲学对其影响最为深远。

　　作为一种思想理论系统，道家不仅是先秦时期重要的思想流派之一，而且对中华文明和国人的心理、审美情趣、生活态度等都产生了深远影响。在道家学说的嬗变过程中，庄子是重要代表。庄子通过汪洋恣肆的文学笔调和极富想象力的浪漫手法，呈现出一幅表现空灵自在、虚静逍遥的生命状态与精神境界的生动画卷，映射出了庄子对人的生存境遇和心灵追求的深邃思考。庄子何以对人的生命存在状态如此关注，这与道家学说产生的文化理论渊源和庄子所处的时代背景是分不开的。其中，老子的思想对庄子的影响最为直接。

　　不同文化的形成和发展离不开特定区域的生存环境、习俗风尚、生活方式等。中国传统文化的孕育和成型是在先秦时期。先秦时期以儒、墨、道、法为代表的诸子学说，各有自己的特质和内涵，这与它们赖以产生的环境息息相关。如果说以血缘宗法为基础的邹鲁区域孕育了儒家文化，那么楚淮流域则是道家文化的根源地。

"不侈于后世，不靡于万物，不晖于数度，以绳墨自矫，而备世之急；古之道术有在于是者。墨翟禽滑釐闻其风而说之。为之大过，已之大循。作为《非乐》，命之曰《节用》；生不歌，死无服。墨子泛爱兼利而非斗，其道不怒；又好学而博，不异，不与先王同，毁古之礼乐。黄帝有《咸池》，尧有《大章》，舜有《大韶》，禹有《大夏》，汤有《大濩》，文王有《辟雍》之乐，武王、周公作《武》。古之丧礼，贵贱有仪，上下有等，天子棺椁七重，诸侯五重，大夫三重，士再重。今墨子独生不歌，死不服，桐棺三寸而无椁，以为法式。以此教人，恐不爱人；以此自行，固不爱己。未败墨子道。"[1]"以本为精，以物为粗，以有积为不足，澹然独与神明居，古之道术有在于是者。关尹老聃闻其风而悦之。建之以常无有，主之以太一，以濡弱谦下为表，以空虚不毁万物为实。"[2]这种道术尊崇道本，且能淡然地与自然造化互融一体，代表和体现这一道术的人物包括许由、禹、皋陶、彭祖、商汤、姜尚、管仲、孙叔敖等人，他们都与楚淮流域有着密切关系。[3]作为道家学说的奠基人和开创者的老子，也同楚淮一带的关系至深。老子生于春秋末期的宋国相地，宋国后来被楚国所占而成为楚国领土，其地在今淮河支流涡河流域。由此可见，楚淮流域与道家文化存在着极大的渊源关系，这种文化意蕴对道家文化思考生命关切和生死问题产生了重要影响。

淮河发源于今河南省桐柏山的太白顶西北侧河谷，三面为山区丘陵所环绕，流经河南、安徽和江苏等地。就自然环境和条件来说，淮河流域水系分布广密，雨水充沛。这一特点与生命息息相关，既可以哺育生命，又可以对生命构成威胁。管子描述水与

① 陈鼓应.庄子今注今译：全三册[M].北京：中华书局，1983：916.
② 陈鼓应.庄子今注今译：全三册[M].北京：中华书局，1983：934.
③ 孙以楷，陈广忠，史向前，等.道家文化寻根：安徽两淮道家九子研究[M].合肥：安徽人民出版社，2001：1-6.

生命的关系时说："水者何也？万物之本原也，诸生之宗室也；美恶、贤不肖、愚俊之所产也。何以知其然也？夫齐之水道躁而复，故其民贪粗而好勇。楚之水淖弱而清，故其民轻票而贼。越之水浊重而洎，故其民愚疾而垢。秦之水泔最而稽，淤滞而杂，故其民贪戾罔而好事齐。晋之水枯旱而运，淤滞而杂，故其民谄谀葆诈，巧佞而好利。燕之水萃下而弱，沉滞而杂，故其民愚戆而好贞，轻疾而易死。宋之水轻劲而清，故其民简易而好正。是以圣人之化世也，其解在水。故水一则人心正，水清则民心易。一则欲不污，民心易则行无邪。是以圣人之治于世也，不人告也，不户说也，其枢在水。"①水之不同特点、运行变化不仅与自然万物的变化相关，而且水的德行也关乎人伦物事。一地之水的特点会影响该地人生存的物质基础，进而对其政风民情也产生影响。

淮河两岸的人们，在得益于水养育万物、含蓄无限生机的同时，也深刻地体会到在凶猛的洪水面前生命的脆弱。生于淮水之滨的老子对水同样有着深切的体验。一方面，老子提出"上善若水，水善利万物而不争"，肯定水有滋养万物的作用；另一方面，老子又感叹至柔之水能攻克坚强者，敬畏水蕴含着无尽的力量。

楚地依山傍水，多雨多雾，气候湿润，土地富饶肥沃。楚地的民间文化深刻影响了道家对世界的看法，从而在对感观世界的深切体悟中提升了道的境界，深化了道的内涵，思索自然变迁之莫测，把握万物运转之规律。

楚淮流域的原始信仰、风尚习俗中催生着道家文化的生命蕴涵。就信仰而言，楚淮流域一带盛行"太一"崇拜。有学者指出，"太一"是指与太阳有关的日神②。太阳东升西落的自然运行所造成的昼夜的区分，极易使人们联想到生与死的生命现象，即将日

---

① 戴望.管子校正[M].上海：上海书店,1986:237-238.
② 李霞.生死智慧：道家生命观研究[M].北京：人民出版社,2004:18.

出视作生命的诞生，将日落视作生命的死亡。因此，楚淮流域崇拜和信仰日神，企盼它能给人们带来光明和温暖。

在风尚习俗方面，楚淮流域流行巫觋文化。人类文明的早期，在变幻莫测的自然和社会现象面前，尤其是对与人类自身的生存状态休戚相关的生老病死诸种现象，更是怀着神秘和敬畏的情感，且不自觉地将这些现象与自然界的变化联系起来。楚国地处蛮荒之域，杂草丛生，鸟兽出没，楚国先民们几经迁徙，开拓疆土，其生命时常受到自然现象的威胁。同时，楚国以原始农业为主，自然界的各种利弊现象都会影响楚国人民的生活。这些情况使得楚人很容易将他们的生存命运与某种超自然的主宰力量联系起来，充满浓郁的鬼神信仰气息。信仰和求助鬼神助长了卜筮之风的兴起，以奇特的方式将人与鬼神沟通起来的巫术和专门的巫觋阶层随之而产生了。楚人往往认为，人的死亡是与某种信仰或始祖团聚，所以在丧葬等仪式中往往会有很热闹的场面，来凸显死亡的价值，这在一定程度上影响了道家文化的生死观。

观射父曾对楚昭王说："民之精爽不携贰者，而又能齐肃衷正，其智能上下比义，其圣能光远宣朗，其明能光照之，其聪能听彻之，如是则明神降之，在男曰觋，在女曰巫。"[1]巫觋文化在中国古代长期存在，比较之下，楚国的巫觋之风尤为盛行，巫觋的地位也很高，上述观射父就是楚国的第一大巫，甚至被楚国当作国宝。楚国巫觋文化的特点是巫医结合，表现在"开明东有巫彭、巫抵、巫阳、巫履、巫凡、巫相，夹窫窳之尸，皆操不死之药以距之"[2]，"巫彭作医，巫咸作筮，此二十官，圣人之所以治天下也"[3]，"有灵山，巫咸、巫即、巫盼、巫彭、巫姑、巫真、

---

① 左丘明.国语[M].济南:齐鲁书社,2005:274.
② 山海经[M].上海:上海古籍出版社,1989:94.
③ 王晓明.吕氏春秋通诠:上下二册[M].南昌:江西人民出版社,2010:479.

巫礼、巫抵、巫谢、巫罗十巫，从此升降，百药爰在"①。这些表明，巫与医是密切相连的。巫医结合使得楚人不仅视巫觋可以与鬼神沟通，而且与生死亦相关涉。这种宗教和人文相杂互糅的巫术文化，既寄托了楚人希望通过法术以控制和影响自身生存处境的努力和愿望，又体现了关切生死的情感诉求。

　　楚淮文化对生命的关注较大地影响了道家文化的走向，促进了道家生命哲学的深化和发展。

① 山海经[M].上海：上海古籍出版社，1989：111.

第二节 庄子生命哲学的源头
——老子的生命哲学

如果说楚淮流域的地域文化是庄子生命哲学的文化基础，那么老子的生命哲学则是其产生的理论源头。老子的生命哲学集中体现在其生命本位主义的人生价值观当中，其中包括"生命至上，重身轻物""少私寡欲，为而不争""功成身退，超然生死"等。

一、生命至上，重身轻物

老子生命哲学的世界观基础是"生命至上，重身轻物"。

老子既反对儒家"舍生取义"的道义原则，又不赞同墨、法两家的功利原则，提倡重身轻物，对人的生命价值予以高度重视。他提出："名与身孰亲？身与货孰多？得与亡孰病？是故甚爱必大费，多藏必厚亡。知足不辱，知止不殆，可以长久。"[1]他认为，如果名利对人构成威胁，那么不如弃名利而保身，于是他主张："不尚贤，使民不争。不贵难得之货，使民不为盗。不见可欲，使民心不乱。是以圣人之治，虚其心，实其腹，弱其志，强其骨，常使民无知无欲，使夫知者不敢为也。为无为，则无不治。"[2]

---

① 老子[M].上海：上海古籍出版社，2013：103.
② 老子[M].上海：上海古籍出版社，2013：7.

二、少私寡欲，为而不争

老子认为，生命价值的实现过程是"少私寡欲，为而不争"。

老子反对禁欲，更不赞同纵欲，主张"见素抱朴，少私寡欲"[①]。人类澄澈淳朴的自然品性不应因追名逐利的欲望而倍受摧残，老子认为纵情于娱乐只能伤身，不能养生，他指出："五色令人目盲，五音令人耳聋，五味令人口爽。驰骋畋猎，令人心发狂，难得之货，令人行妨。是以圣人为腹不为目，故去彼取此。"[②]不应斤斤计较于物质上的享受，迷恋于世俗的浮华，而应乐道自得，立己立人。如果受到贪欲的驱使，将会丧失个人淳朴的本性和道德，从而削弱自身认识事物本质的能力。统治者"服文采，带利剑，厌饮食，财货有余"[③]，会带来腐败的后果。战争是人类社会痛苦的来源之一，老子极力主张"为而不争""不敢为天下先""不争而善胜"。他认为这种"不争之德"能消除人类社会一切不必要的争端，让人类挣脱名利的枷锁。

三、功成身退，超然生死

老子认为，生命价值的最终实现在于"功成身退，超然生死"。老子主张人应具备"道"的品格，不以"功臣"自居。"天下皆知美之为美，斯恶已；皆知善之为善，斯不善已。故有无相生，难易相成，长短相较，高下相盈，音声相和，前后相随。是以圣人处无为之事，行不言之教。万物作焉而不辞，生而不有，

---

① 老子[M].上海：上海古籍出版社，2013：40.
② 老子[M].上海：上海古籍出版社，2013：26.
③ 老子[M].上海：上海古籍出版社，2013：131.

为而不恃，功成而弗居。夫惟弗居，是以不去。"①有所作为而不自居有功。圣人的品格在于以"道"为法，"天之道，其犹张弓欤？高者抑之，下者举之，有余者损之，不足者补之。天之道，损有余而补不足。人之道则不然，损不足以奉有余。孰能有余以奉天下？唯有道者。是以圣人为而不恃，功成而不处，其不欲见贤"②。最后形成了"持而盈之，不如其已。揣而锐之，不可长保。金玉满堂，莫之能守，富贵而骄，自遗其咎。功成身退，天之道也"③的人生信条。

老子说："希言自然。故飘风不终朝，骤雨不终日。孰为此者？天地。天地尚不能久，而况于人乎？故从事于道者同于道，德者同于德，失者同于失。同于道者，道亦乐得之；同于德者，德亦乐得之；同于失者，失亦乐得之。信不足，焉有不信焉？"④人迟早是要"退"的，这就是老子的超然生死观：人固有死、出生入死、功成身退、死而不亡、与道合一。

① 老子[M].上海：上海古籍出版社，2013：4.
② 老子[M].上海：上海古籍出版社，2013：204.
③ 老子[M].上海：上海古籍出版社，2013：19.
④ 老子[M].上海：上海古籍出版社，2013：192.

第三节　庄子生命哲学产生的时代背景

关于庄子的出生地，《史记》仅简略地记载："庄子者，蒙人也。"学术界争辩的焦点在于蒙地是宋国的蒙地还是楚国的蒙地。《庄子》一书涉及楚地最多，多用楚国的方言，文字表述习惯深受楚文化的影响，因此我们认为将庄子视为战国楚地蒙县（今安徽蒙城）人较为妥当。

"庄子者，蒙人也，名周。周尝为蒙漆园吏，与梁惠王、齐宣王同时。其学无所不窥，然其要本归于老子之言。故其著书十余万言，大抵率寓言也。作《渔父》《盗跖》《胠箧》，以诋訾孔子之徒，以明老子之术。《畏累虚》《亢桑子》之属，皆空语无事实。然善属书离辞，指事类情，用剽剥儒、墨，虽当世宿学不能自解免也。其言洸洋自恣以适己，故自王公大人不能器之。"①

据此推断，庄子生活的时代应是战国中期。这一时期周王室势力渐微，群雄并起，战乱纷纷，生灵涂炭，整个社会没有了秩序，大分化、大动荡，人们饥寒交迫、流离失所，处于水深火热之中。"今世殊死者相枕也，桁杨者相推也，刑戮者相望也。"②

---

① 司马迁.史记：全十册[M].北京：中华书局，1959：2143-2144.
② 陈鼓应.庄子今注今译：全三册[M].北京：中华书局，1983：299.

"窃钩者诛，窃国者为诸侯。""圣人不死，大盗不止。"①人性的恶成了道德法则，"争地以战，杀人盈野；争城以战，杀人盈城"②，频繁的战争祸乱造成了"民有饥色，野有饿莩"的民不聊生的局面，使整个社会处于"无耻者富，多信者显"③"天下有道，圣人成焉；天下无道，圣人生也。方今之时，仅免刑焉。福轻乎羽，莫之知载；祸重乎地，莫之知避"④的颠倒无序、无所适从的混乱状态。

旧的价值观念已经崩溃，新的价值观念在短时间内又难以形成，这就导致了人们思想观念上的困惑，如何安顿人的生命成了时代的重要问题。庄子在老子思想的基础上，结合自己的时代主题加以拓展和阐发，就道论和生命主题而言，可以认为庄子学说"其要本归于老子之言"。

庄子将老子的思想更多地引向对内在精神生命的追求，立足于时代现实，将自己对生命的忧思与关切化作对人性本质的拷问。

在庄子看来，若要拯救这种混乱无序的社会，关键在于摆脱外在的名利、权势、财富等的束缚，守护生命的本源和人性的本真状态，其落脚点在人的灵魂和精神生命上。换句话说，庄子认为，救世的根本在于拯救人心、拯救生命。正因为如此，庄子借孔子之口感叹说："恶！可不察与！夫哀莫大于心死，而人死亦次之。日出东方而入于西极，万物莫不比方，有首有趾者，待是而后成功，是出则存，是入则亡。万物亦然，有待也而死，有待也而生。吾一受其成形，而不化以待尽，效物而动，日夜无隙，而不知其所终；薰然其成形，知命不能规乎其前，丘以是日徂。吾终身与汝交一臂而失之，可不哀与！女殆著乎吾所以著也。彼

① 陈鼓应.庄子今注今译：全三册[M].北京：中华书局，1983：280.
② 杨伯峻.孟子译注[M].北京：中华书局，2012：187.
③ 陈鼓应.庄子今注今译：全三册[M].北京：中华书局，1983：840.
④ 陈鼓应.庄子今注今译：全三册[M].北京：中华书局，1983：154.

已尽矣，而女求之以为有，是求马于唐肆也。吾服女也甚忘，女服吾也亦甚忘。虽然，女奚患焉！虽忘乎故吾，吾有不忘者存。"①这种忧思和关切与庄子处世立身的思想是一致的。"庄子钓于濮水，楚王使大夫二人往先焉，曰：'愿以境内累矣！'庄子持竿不顾，曰：'吾闻楚有神龟，死已三千岁矣，王以巾笥而藏之庙堂之上。此龟者，宁其死为留骨而贵乎？宁其生而曳尾于涂中乎？'二大夫曰：'宁生而曳尾涂中。'庄子曰：'往矣！吾将曳尾于涂中。'"②"曳尾于涂中"，意味着摆脱外在的束缚和限定，回归到自然的存在状态和合乎本性的自在境界，诚如蒙培元先生所指出的，庄子哲学的根本目的是实现心灵的自由境界。《史记·老庄申韩列传》中关于此事也有类似的记述："楚威王闻庄周贤，使使厚币迎之，许以为相。庄周笑谓楚使者曰：'千金，重利；卿相，尊位也。子独不见郊祭之牺牛乎？养食之数岁，衣以文绣，以入大庙。当是之时，虽欲为孤豚，岂可得乎？子亟去，无污我。我宁游戏污渎之中自快，无为有国者所羁，终身不仕，以快吾志焉。'"③

对繁琐的世俗事务采取超然的态度，让心灵从时代的重压和迷茫中解脱出来，以保持虚静而澄明的精神境界。追求虚静澄明的逍遥之境，并不意味着庄子隔绝于社会之外只注重洁身自好。庄子本人就曾经做过蒙地的漆园吏这样的职务，对于"离世异俗"的行为，他批评指出："刻意尚行，离世异俗，高论怨诽，为亢而已矣；此山谷之士，非世之人，枯槁赴渊者之所好也。语仁义忠信，恭俭推让为修而已矣；此平世之士，教诲之人，游居学者之所好也。语大功，立大名，礼君臣，正上下，为治而已

---

① 陈鼓应.庄子今注今译：全三册[M].北京：中华书局，1983：572.
② 陈鼓应.庄子今注今译：全三册[M].北京：中华书局，1983：474.
③ 司马迁.史记：全十册[M].北京：中华书局，1959：2145.

矣；此朝廷之士，尊主强国之人，致功并兼者之所好也。就薮泽，处闲旷，钓鱼闲处，无为而已矣；此江海之士，避世之人，闲暇者之所好也。吹呴呼吸，吐故纳新，熊经鸟申，为寿而已矣；此道引之士，养形之人，彭祖寿考者之所好也。若夫不刻意而高，无仁义而修，无功名而治，无江海而闲，不道引而寿，无不忘也，无不有也，淡然无极而众美从之。此天地之道，圣人之德也。"①可见，隐世而孤傲的生活并不是庄子所寻求的理想生活方式，这隐含着庄子对生活于乱世之中人们的生存状态的深切关怀。

---

① 陈鼓应.庄子今注今译：全三册[M].北京：中华书局，1983：423-424.

庄子生命哲学的
世界观基础

第一节　庄子的世界观

庄子从宇宙本体之道的高度俯观万物，从"以道观之，物无贵贱"的世界观出发，从天、地、人并生的关系中强调人在世界中的地位，通过以物观物反观以我观物，达到"无我之境"，最终升华到"藏天下于天下"的达观境界。追求有无合一，肯定个体的生命价值，对实现和谐的理想社会状态有一定的参考意义。

世界观是指人们对整个世界的根本看法，在中国古代哲人眼中"万物并育而不相害，道并行而不相悖"的和谐世界是理想之世。庄子在继承老子思想的基础上，使道家思想得到进一步的弘扬和发展。庄子从天、地、人一体的关系中突出了人在世界中的地位，他主张"以鸟养养鸟""以天合天"的处世原则，跳出自我阈限，最后形成"藏天下于天下"的世界观。

一、以道观之：天、地、人并生

庄子认为，从宇宙本体之道的高度俯观万物，万物没有贵贱、大小的区别。"以道观之，物无贵贱；以物观之，自贵而相贱；以俗观之，贵贱不在己。以差观之，因其所大而大之，则万物莫不大；因其所小而小之，则万物莫不小。知天地之为秭米也，知毫末之为丘山也，则差数睹矣。以功观之，因其所有而有之，则万物莫不有；因其所无而无之，则万物莫不无；知东西之相反而不可以相无，则功分定矣。"①

庄子眼中的世界是把我置于天、地万物之中，将天、地、人统一起来考虑，从而展现出一种更高的境界："天下莫大于秋毫之末，而大山为小；莫寿乎殇子，而彭祖为夭。天地与我并生，而万物与我为一。"②庄子从"一"的立场体验天地、万物和"我"是道通为一。

其一，天、地、人作为生命共同体，共同创造着世界，相互作用、相互依存，这与老子的"道生一，一生二，二生三，三生万物。万物负阴而抱阳，冲气以为和"③，在思想上有一致性，并预示着这种创造性是生生不息的。人类参与了这种历史性的创造活动，因而使得人自身所及的有限世界有趋向于无限的可能，这可以彰显人类存在的必要性，淡化人类渺小的悲观情，从而产生一定的成就感。所以庄子劝导人们不能"拘于虚""笃于时""束于教"，主张"藏天下于天下"。

其二，既然万事万物与我们同处一体，这就要求我们把整个宇宙，包括人类在内的一切看作一个不可分割的有机整体。其中的各个部分都是互为基础的，也各有其存在的道理和价值，我们就不能随意漠视任何一方。这种和谐的天下秩序只有建立在认识和尊重世界的基础上才能建立。在讨论"无用之用"的问题时，庄子回答惠子的话就体现了这一观点。"惠子谓庄子曰：'子言无用。'庄子曰：'知无用而始可与言用矣。天地非不广且大也，人之所用容足耳。然则厕足而垫之致黄泉，人尚有用乎？'惠子曰：

---

① 陈鼓应.庄子今注今译：全三册[M].北京：中华书局,1983：452.
② 陈鼓应.庄子今注今译：全三册[M].北京：中华书局,1983：80.
③ 老子[M].上海：上海古籍出版社,2013：96.

'无用。'庄子曰：'然则无用之为用也，亦明矣。'"①

有用与无用，只能是相对而言，绝对地看待任何一方都是很荒谬的，所谓事物的无用常常是因看不到其优点而被忽视，是智慧不够而已。

其三，庄子指出，人类生活在这个世界上，既要对天地万物加以了解和把握，也要对自身进行认识。庄子认为，天之所为完全是发乎自然，而人之所为是要用自己的智力来保养自己的天性，不强求所不知，使之能终其天年，不致因劳形伤神而夭折。其实质要求把人为与天为统一起来，以求天人合一。"知天之所为，知人之所为者，至矣。知天之所为者，天而生也；知人之所为者，以其知之所知，以养其知之所不知，终其天年而不中道夭者，是知之盛也。"②

其四，真人，淡情寡欲，不计生死，忘怀于物，应时而行，随物而变，天人合一。庄子强调，人类在努力理解大自然运行之道的同时，也要注意反思、控制自己的行为。庄子深刻地领悟到，人的思维与客观世界有一定的矛盾，人类参与了创造就要对创造的后果负责，不负责任的创造注定要受到某种内在的平衡法则的惩罚，因此人类要认真地研究天道与人道，并尽量使二者协调一致，使天、地、人三方和谐相依、共生共存，即"天与人不相胜"。

二、以物观物反观以我观物，以达到"无我之境"

当"观"的主观性消解之后，主体性也就会隐退，事物就以其所有的方式自我显现出来，最后形成"以物观物"的境域进而

---

① 陈鼓应.庄子今注今译：全三册[M].北京：中华书局，1983：764.
② 陈鼓应.庄子今注今译：全三册[M].北京：中华书局，1983：185-186.

达到"无我之境"。"昔者海鸟止于鲁郊,鲁侯御而觞之于庙,奏《九韶》以为乐,具太牢以为膳。鸟乃眩视忧悲,不敢食一脔,不敢饮一杯,三日而死。此以己养养鸟也,非以鸟养养鸟也。夫以鸟养养鸟者,宜栖之深林,游之坛陆,浮之江湖,食之鳅鲦,随行列而止,委蛇而处。彼唯人言之恶闻,奚以夫譊譊为乎!《咸池》《九韶》之乐,张之洞庭之野,鸟闻之而飞,兽闻之而走,鱼闻之而下入,人卒闻之,相与还而观之。鱼处水而生,人处水而死。彼必相与异,其好恶故异也。故先圣不一其能,不同其事。名止于实,义设于适,是之谓条达而福持。"①在这里,鲁侯用祭祀天地般隆盛的礼节来招待海鸟,然而海鸟却眩视忧悲,三日而死,这说明了人的主观努力的失败。鲁侯虽心怀无限的虔诚,以己养鸟,以美味佳肴供奉,但对海鸟而言,这是背离其本性的。所以,庄子告诉我们,这就是"有我"的悲剧,是由于人没有领会物之本性所导致的。

为此,庄子提出了超越这种悲剧的可能性,即"以鸟养养鸟",让主体自我顺应物性。"以鸟养养鸟"与"以己养养鸟",正是"无我"与"有我"的对照。"以物观物"开启了"无我"的境域,这是一种主体自我的退隐所达到的境界。圣人的"反观"就是"以物观物"而非"以我观物",是主体自我的隐退。

三、"藏天下于天下"的达观境界

"夫藏舟于壑,藏山于泽,谓之固矣。然而夜半有力者负之而走,昧者不知也。藏小大有宜,犹有所遁。若夫藏天下于天下而不得所遁,是恒物之大情也。"②"藏天下于天下"是一种真正心

① 陈鼓应.庄子今注今译:全三册[M].北京:中华书局,1983:490.
② 陈鼓应.庄子今注今译:全三册[M].北京:中华书局,1983:196.

怀天下的世界观，可以使万物各有所属、各有所归，只有万物各得其所才能有天人合一的和谐局面，也只有万物都把自己置身于天下大背景之下才能够相互扶持、相互补充从而互利互惠。从永恒、绝对、无限、大全的宇宙本体的高度看，万物皆一，都是道的不同体现，而且都统一于自然自在之真性。

"列子行食于道从，见百岁髑髅，攓蓬而指之曰：'唯予与汝知而未尝死，未尝生也。若果养乎？予果欢乎？'种有几，得水则为继，得水土之际则为蛙蠙之衣，生于陵屯则为陵舄，陵舄得郁栖则为乌足。乌足之根为蛴螬，其叶为胡蝶。胡蝶胥也化而为虫，生于灶下，其状若脱，其名为鸲掇。鸲掇千日化而为鸟，其名为干余骨。干余骨之沫为斯弥，斯弥为食醯。颐辂生乎食醯，黄軦生乎九猷，瞀芮生乎腐蠸。羊奚比乎不箰，久竹生青宁；青宁生程，程生马，马生人，人又反入于机。万物皆出于机，皆入于机。"①庄子以此比喻万物生灵发展的反复循环，寿夭生死亦是如此，明白这种机变的必然规律，顺应自然，便无须快乐或者哀愁，就可以处之泰然，唯有如此，才可以达到至乐之境界。

庄子的世界观立足于"道"的立场，从认识天地、万物与我的存在到整体性"一"的出现，这种认识具有一定的辩证特点。由此我们可以看出，庄子生命哲学的世界观基础是其生命哲学展开的依据，据此我们可以进一步分析其生命哲学的取向。

---

① 陈鼓应.庄子今注今译：全三册[M].北京：中华书局,1983:494.

第二节　庄子生命哲学的取向

探索人的生命存在的奥秘离不开对自由和必然的关系问题的分析，在中国哲学史上，庄子第一个意识到了自由和必然的关系问题，这种关系关涉人的生命存在。庄子所说的命就是这种必然，他说的超越就是对这种必然的超越，以求自由的实现。超越必然而实现自由也正是庄子生命哲学的根本宗旨所在。

一、超越必然实现自由

境界论是庄子哲学世界观的指向所在，在讨论自由与必然的关系的过程中，"命"的问题是与之息息相关的。"命"在内容上既包括自然方面的异己力量，又包括社会方面的异己力量。"死生存亡，穷达贫富，贤与不肖毁誉，饥渴寒暑，是事之变，命之行也。"①在庄子看来，人的生死、穷达，甚至人的德行、身体状况的变化等，都是自己无法予以控制的。那么要想使命运得到很好的安排，就只有通过"相忘乎道术"的方式，从心灵超越的角度实现自我的完善。这种境界无"贵贱"之分，无"君子小人"之别。同时，庄子认为这种自由境界是由必然之道决定的，所以他强调"不以心损

---

① 陈鼓应.庄子今注今译：全三册[M].北京：中华书局，1983：172.

道，不以人助天"①，"无以人灭天，无以故灭命"②。这种主观意志的自由是同普遍的客观意义相统一的，人的生命有个体化特征，只有打破内外与天人的界限，自由才可能实现。这种自由，庄子称之为"无待"。

庄子哲学的主题就是要摆脱必然的限制，寻求"无待"式的自由。人活在"有待"中，受到种种条件的限制与束缚，就会极不自由，就算大鹏高飞"九万里"，也还是依赖于大风而算不上真正的自由。"无待"式的自由是庄子哲学的目标，"有待"则构成了对自由的制约。庄子所说的"有待"，是指"命"对人的一种限制，它会给人带来纠葛与烦恼。人生虽然无法逃避命运的限制，但是可以选择对待命运的态度。庄子指出，"自事其心者，哀乐不易施乎前，知其不可奈何而安之若命，德之至也"③。"安命"就是对必然性的服从。

二、实现自由之途径

事物有别，对人生的意义也就不同，事物有别是客观存在的事实，也可以说是必然性所在。但在庄子"道心"的观照下，这种必然性是可以超越而实现心灵自由的，万物的差别可以浑化为一。

必然性会构成对自由的束缚，如果"成心"看待事物，则种种差别就会凸显。因此，庄子主张以"道心"观物，化解"成心"所带来的羁绊。"道心"与"成心"体现了心境的不同，若以"道心"观照万物，必然性就可得以超越。心灵不执于万物之别，必

① 陈鼓应.庄子今注今译:全三册[M].北京:中华书局,1983:186.
② 陈鼓应.庄子今注今译:全三册[M].北京:中华书局,1983:461.
③ 陈鼓应.庄子今注今译:全三册[M].北京:中华书局,1983:135-136.

能安其命运、抱朴守真。

"夫随其成心而师之，谁独且无师乎？奚必知代而自取者有之？愚者与有焉。未成乎心而有是非，是今日适越而昔至也。是以无有为有。无有为有，虽有神禹，且不能知，吾独且奈何哉！夫言非吹也，言者有言，其所言者特未定也。果有言邪？其未尝有言邪？其以为异于鷇音，亦有辩乎，其无辩乎？道恶乎隐而有真伪？言恶乎隐而有是非？道恶乎往而不存？言恶乎存而不可？道隐于小成，言隐于荣华。故有儒墨之是非，以是其所非而非其所是。欲是其所非而非其所是，则莫若以明。"①世人若以"成心"为师，若以"成心"观照万物，必会造成"以人灭天""以故灭命"，违背自然、对抗命运，如此，则人生处处皆非，所在皆苦。在庄子的生命哲学里，自由与平等、逍遥与齐物是相对应的，逍遥只有在心灵的自由境界中才能实现，有齐物的思想才能平等地观照万事万物。

庄子主张"齐贵贱""齐是非""齐物我"，关键在于如何理解"齐"，如何实现"齐"，这就是庄子努力寻找的实现自由之途径——"心斋"与"坐忘"。

（一）心斋

颜回："回之未始得使，实有回也；得使之也，未始有回也；可谓虚乎？"夫子曰："尽矣，吾语若！若能入游其樊而无感其名，入则鸣，不入则止。无门无毒，一宅而寓于不得已，则几矣。绝迹易，无行地难。为人使易以伪，为天使难以伪。闻以有翼飞者矣，未闻以无翼飞者也；闻以有知知者矣，未闻以无知知者矣。瞻彼阕者，虚室生白，吉祥止止。夫且不止，是之谓坐驰。夫徇耳目内通而外于心知，鬼神将来舍，而况人乎！是万物之化也，

---

① 陈鼓应.庄子今注今译：全三册[M].北京：中华书局,1983:58.

禹舜之所纽也，伏羲几蘧之所行终，而况散焉者乎！"[1]有关"心斋"，"若一志，无听之以耳而听之以心，无听之以心而听之以气。耳止于听，心止于符。气也者，虚而待物者也。唯道集虚。虚者，心斋也"[2]。"虚"即虚无，要达到虚无的理想境界需要"心斋"的方法。"心斋"的方法，如同老子"致虚""守静"的过程，去执、去为、"唯道集虚"、心灵专一、神不驰往，从而化解认知心、嗜欲心，不为外物所动。庄子还总结性地指出："山木自寇也，膏火自煎。桂可食，故伐之；漆可用，故割之。人皆知有用之用，而莫知无用之用也。"[3]其心灵冲虚自然能体悟出"道"之真谛。道出有为有用同时也有害，这种虚静之心是需要反复积累、不断化欲的。

庄子所指的斋是一种过程：终止心的一切感受、认知和意志活动，即庄子所谓"耳止于听，心止于符"。"徇耳目内通而外于心知"表达了相同的意思，追求至虚至无的境地，同时，用"虚室生白"喻"唯道集虚"，在他看来，万物齐一，当然可以安命，可以与作为世界整体的道同而为一。

（二）坐忘

"坐忘"是"忘"的极致。"堕肢体，黜聪明，离形去知，同于大通，此谓坐忘。"[4]即忘掉自然形体，消除嗜欲心。"忘"是对外物的超越，"坐忘"是对自我的超越，人不能忘情于外物，只有通过忘，才能有所谓"同于大通"。"大通，犹大道也。道能通生万物，故谓道为大通也。"[5]

① 陈鼓应.庄子今注今译：全三册[M].北京：中华书局,1983：129-130.
② 陈鼓应.庄子今注今译：全三册[M].北京：中华书局,1983：129.
③ 陈鼓应.庄子今注今译：全三册[M].北京：中华书局,1983：156.
④ 陈鼓应.庄子今注今译：全三册[M].北京：中华书局,1983：226.
⑤ 郭庆藩.庄子集释[M].北京：中华书局,1961：285.

"仁义""礼乐"之类都是一种"执",此"执"源于"有我"之心,因而庄子更重视"坐忘",真正做到"吾丧我","形固可使如槁木,而心固可使如死灰乎"①?庄子认为,只有心不断地集虚,才可以"虚室生白",最后达到与道合一之至境。

三、肯定个体的生命价值,追求有无合一

庄子生命哲学始终围绕着道与万物的关系,道无疑是超越性的,它"自古以固存",为万物之本,"在太极之先""在六极之下",既内生于万物,又遍存于万物之中。这有明显的本体论观念,是庄子对自由与必然关系的特定理解。"体道"表现为对"物"的超越,是不能离开"物"的,这个"物"就代表着必然和实然,因而它是存在于现实之中的。

在对待自然万物的现实立场上,庄子肯定个体的生命价值,重视个人的自由与养生之道,不看重身外之物,保持心灵之宁静,追求精神之超越,摆脱物欲之束缚,顺应万物,无己、无待、无功、无名。老子认为,无欲则无求,心静则无逐求;庄子的基本原则是保身、全生、尽年,这也是道家的出发点。而庄子更侧重人的社会生命,尽管庄子蔑视世俗社会,但从其主导思想看,他还是积极入世的,只是采取为而不争、安时处顺的态度,在其"重生"的思想中,"生"被赋予了社会意义,主要是关注人超越自然生命的精神生命。

但庄子同时反对以有目的的活动对自然事物加以人为的增减,违反自然命规律必然会带来祸患,反对人类戕害生物以满足私欲的本性,提倡人类应尊爱万物,对天地万物采取无为为之的态度,这对于维护自然生态系统是非常有益的。在人与自然的关系上,庄子

① 陈鼓应.庄子今注今译:全三册[M].北京:中华书局,1983:39.

过分强调无所作为，让人乐天安命，是有一定局限性的，但这种态度和原则对有些人破坏自然环境的行为具有一定的警示意义。"知止其所不知，至矣。"①庄子认为，人最高的智慧在于明白自己应止行于不知之事，正因为不知其所止才破坏了天性法则和自然秩序。老子也曾提出节制欲望，尊重生命，知足不辱，无所作为。"'天在内，人在外，德在乎天。知乎人之行，本乎天，位乎得；蹢躅而屈伸，反要而语极。'河伯曰：'何谓天？何谓人？'北海若曰：'牛马四足，是谓天；落马首，穿牛鼻，是谓人。'故曰：'无以人灭天，无以故灭命，无以得殉名。谨守而勿失，是谓反其真。'"②

几百年来，人类文明在其发展历史中的确有过"大有作为"的积极活动，带来了一定物质财富的同时也导致了一些后果，诸如环境污染、生态危机等。"彼至正者，不失其性命之情。故合者不为骈，而枝者不为跂；长者不为有余，短者不为不足。是故凫胫虽短，续之则忧；鹤胫虽长，断之则悲。故性长非所断，性短非所续，无所去忧也。"③又如："道与之貌，天与之形，恶得不谓之人？……是非吾所谓情也。吾所谓无情者，言人之不以好恶内伤其身，常因自然而不益生也。……道与之貌，天与之形，无以好恶内伤其身。今子外乎子之神，劳乎子之精，倚树而吟，据槁梧而暝。天选之形，子以坚白鸣！"④"缮性于俗学，以求复其初；滑欲于俗思，以求致其明：谓之蔽蒙之民。古之治道者，以恬养知。知生而无以知为也，谓之以知养恬。知与恬交相养，而和理出其性。夫德，和也；道，理也。德无不容，仁也；道无不理，义也；义明而物亲，忠也；中纯实而反乎情，乐也；信行容体而

① 陈鼓应.庄子今注今译：全三册[M].北京：中华书局，1983：84.
② 陈鼓应.庄子今注今译：全三册[M].北京：中华书局，1983：459-461.
③ 陈鼓应.庄子今注今译：全三册[M].北京：中华书局，1983：257.
④ 陈鼓应.庄子今注今译：全三册[M].北京：中华书局，1983：181-182.

顺乎文，礼也。礼乐遍行，则天下乱矣。彼正而蒙已德，德则不冒。冒则物必失其性也。古之人，在混芒之中，与一世而得淡漠焉。当是时也，阴阳和静，鬼神不扰，四时得节，万物不伤，群生不天，人虽有知，无所用之，此之谓至一。当是时也，莫之为而常自然。"①"老聃曰：'不然。夫水之于汋也，无为而才自然矣。至人之于德也，不修而物不能离焉。若天之自高，地之自厚，日月之自明，夫何修焉！'"②这些都反映了庄子主张的道的本性，也是人的道德的再现，提倡要尊重自然界的根本规律，"载营魄抱一，能无离乎？专气致柔，能婴儿乎？涤除玄鉴，能无疵乎？爱民治国，能无知乎？天门开阖，能为雌乎？明白四达，能无知乎？生之畜之。生而不有，为而不恃，长而不宰，是谓玄德"③，"道生之，德畜之，物形之，势成之。是以万物莫不尊道而贵德。道之尊，德之贵，夫莫之命而常自然。故道生之，德畜之，长之育之，成之熟之，亭之毒之，养之覆之。生而不有，为而不恃，长而不宰，是谓玄德"④。所以说，道虽化生万物，德虽蓄养万物，却是化生而不为己有，兴仁而不恃己能，长养而不自以为主宰。所以人类要将道德规范与自然规律相协调，在尊重客观规律的基础上进行"有为"。

① 陈鼓应.庄子今注今译：全三册[M].北京：中华书局,1983:432-434.
② 陈鼓应.庄子今注今译：全三册[M].北京：中华书局,1983:577.
③ 老子[M].上海：上海古籍出版社,2013:21.
④ 老子[M].上海：上海古籍出版社,2013:125.

第

五

章

庄子生命哲学的

主要内容

第一节　"精""气""神"的有机合成

生命哲学的主要内容反映了整个道家生命哲学的内在结构和理论形式，其重天道正是重人道的表现。推天道以明人道是其所遵循的思维方式，透过其人道思想的生命意蕴、理论特质，挖掘人道思想的内涵，可以管窥其生命哲学的价值取向。

通观整部《庄子》，其细小的事例中皆隐含着高深的哲理；在平凡的故事中表现高尚的理想情怀；从汪洋恣肆、飒爽隽永的文笔中流露出生命的超脱、宁静与永恒，尽感人生氤氲缭绕的超然真谛。

"精""气""神"在道家哲学中论及较多，"精"在《道德经》中表示一种细微的物质概念或人的一种自然属性。"孔德之容，惟道是从。道之为物，惟恍惟惚。惚兮恍兮，其中有象；恍兮惚兮，其中有物。窈兮冥兮，其中有精；其精甚真，其中有信。自今及古，其名不去，以阅众甫。吾何以知众甫之状哉？以此。"[①]"含德之厚，比于赤子。蜂虿虺蛇不螫，猛兽不据，攫鸟不搏。骨弱筋柔而握固。未知牝牡之合而全作，精之至也。终日号而不嗄，和之至也。"[②]《老子》中的"气"分为阴、阳两种，两种不同属

---

① 老子[M].上海：上海古籍出版社，2013：44.
② 老子[M].上海：上海古籍出版社，2013：137.

性的气交乎激荡，共同生成生命的动力或能量，要"专气致柔"方能达到虚静无欲的生命境界。

"精"和"气"在《庄子》中往往一起出现，常以"精气"连用，"气"聚合成有形状的具体事物，然后才有生命的出现。"精气，气之精者。"气有阴阳之分，共同接受"道"的主宰，交相和合，生成万物。"通天下一气耳"，认为万物生息都是因气的有无，包括人之"生""死"皆是气的"聚""散"，"'为道者日损，损之又损之以至于无为，无为而无不为也。'今已为物也，欲复归根，不亦难乎！其易也，其唯大人乎！生也死之徒，死也生之始，孰知其纪！人之生，气之聚也；聚则为生，散则为死。若死生为徒，吾又何患！故万物一也，是其所美者为神奇，其所恶者为臭腐；臭腐复化为神奇，神奇复化为臭腐。故曰：'通天下一气耳。'圣人故贵一"①。《道德经》中所提的"神"指人的精神，"神得一以灵"，主张精神上应该"守一"，不要有许多外在的欲望。"神"在《庄子》中主要指人的思想意识，常与"精"联用，称作"精神"。"老聃曰：'汝齐戒，疏瀹而心，澡雪而精神，掊击而知！夫道，窅然难言哉！将为汝言其崖略。夫昭昭生于冥冥，有伦生于无形，精神生于道，形本生于精，而万物以形相生，故九窍者胎生，八窍者卵生。其来无迹，其往无崖，无门无房，四达之皇皇也。邀于此者，四肢强，思虑恂达，耳目聪明，其用心不劳，其应物无方。天不得不高，地不得不广，日月不得不行，万物不得不昌，此其道与！且夫博之不必知，辩之不必慧，圣人以断之矣。若夫益之而不加益，损之而不加损者，圣人之所保也。渊渊乎其若海，巍巍乎其若山，终则复始也，运量万物而不匮。则君子之道，彼其外与！万物皆往资焉而不匮，此其道与！'"②上文中指

① 陈鼓应.庄子今注今译：全三册[M].北京：中华书局,1983：597.

② 陈鼓应.庄子今注今译：全三册[M].北京：中华书局,1983：607-608.

的就是这样一种生命生成顺序。这里的"精神"是一种自由观，它"精神四达并流，无所不及，上际于天，下蟠于地，化育万物，不可为象，其名为同帝。纯素之道，唯神是守；守而勿失，与神为一；一之精通，合于天伦。野语有之曰：'众人重利，廉士重名，贤士尚志，圣人贵精。'故素也者，谓其无所与杂也；纯也者，谓其不亏其神也。能体纯素，谓之真人"①。

① 陈鼓应.庄子今注今译：全三册［M］.北京：中华书局,1983:430.

第二节 "形""神"二元一体的生命结构

一、形、神是二元的

关于人的生命结构，《庄子》的形、神观内容相当丰富，庄子持"形""神"二元一体的生命结构观，从整体上将生命体理解为外在形体与内在精神的统一，将形、神并举，如："徐无鬼见武侯，武侯曰：'先生居山林，食芋栗，厌葱韭，以宾寡人，久矣夫！今老邪？其欲干酒肉之味邪？其寡人亦有社稷之福邪？'徐无鬼曰：'无鬼生于贫贱，未尝敢饮食君之酒肉，将来劳君也。'君曰：'何哉，奚劳寡人？'曰：'劳君之神与形。'武侯曰：'何谓邪？'徐无鬼曰：'天地之养也一，登高不可以为长，居下不可以为短。君独为万乘之主，以苦一国之民，以养耳目鼻口，夫神者不自许也。夫神者，好和而恶奸。夫奸，病也，故劳之。唯君所病之何也？'武侯曰：'欲见先生久矣。吾欲爱民而为义偃兵，其可乎？'徐无鬼曰：'不可。爱民，害民之始也；为义偃兵，造兵之本也。君自此为之，则殆不成。凡成美，恶器也。君虽为仁义，几且伪哉！形固造形，成固有伐，变固外战。君亦必无盛鹤列于丽谯之间，无徒骥于锱坛之宫，无藏逆于得，无以巧胜人，无以

谋胜人，无以战胜人。夫杀人之士民，兼人之土地，以养吾私与
吾神者，其战不知孰善？胜之恶乎在？君若勿已矣，修胸中之诚
以应天地之情而勿撄。夫民死已脱矣，君将恶乎用夫偃兵
哉！'"①形、神两者被视为人的生命中两个平行并存的构成要素，
这是庄子形、神观的一部分。

　　但庄子又将形、神看作是有主从关系的。从生命存在与演变
的角度来看，形体是基础，精神是形体所派生的一种功能，先有
形体，后有精神，故精神从属于形体，形体决定精神。"始吾以夫
子为天下一人耳，不知复有夫人也。吾闻之夫子，事求可，功求
成。用力少，见功多者，圣人之道。今徒不然。执道者德全，德
全者形全，形全者神全。神全者，圣人之道也。托生与民并行而
不知其所之，汒乎淳备哉！功利机巧必忘夫人之心。若夫人者，
非其志不之，非其心不为。虽以天下誉之，得其所谓，謷然不顾；
以天下非之，失其所谓，傥然不受。天下之非誉，无益损焉，是
谓全德之人哉！我之谓风波之民。"②"德"是禀于"道"，而
"道"又是生命的总根源。"形"是存在的生命形体，由"德"决
定，而"形"则决定"神"。"察其始而本无生，非徒无生也而本
无形，非徒无形也而本无气。杂乎芒芴之间，变而有气，气变而
有形，形变而有生，今又变而之死，是相与为春秋冬夏四时行也。
人且偃然寝于巨室，而我噭噭然随而哭之，自以为不通乎命，故
止也。"③在恍恍惚惚的境域之中，循环变化而有了元气，元气变
化而具备了形体，形体变化而生成了生命，这种变化又终将会回
到死亡，这就跟春、夏、秋、冬四季运行一样。

　　① 陈鼓应.庄子今注今译：全三册[M].北京：中华书局,1983:673-674.
　　② 陈鼓应.庄子今注今译：全三册[M].北京：中华书局,1983:345.
　　③ 陈鼓应.庄子今注今译：全三册[M].北京：中华书局,1983:484.

二、形、神又是一体的

形与神是从属于整个生命体的，形与神必须达到平衡和谐的状态才能产生人，二者不可或缺。这表明，形与神都是人的生命存在的状态，形气与精气所产生的正是人的形体与精神，作为现实的生命形态，"合此以为人"的毕竟是形体与精神，二者分离，生命现象就会消失。

庄子认为，在现实的生命体中，只有形体与精神紧密结合、相互协调、配合一致，生命才能有活力。在《庄子·外篇·知北游》中，被衣在回答"道"的问题时向啮缺说了"正形凝神"的道理："若正汝形，一汝视，天和将至。摄汝知，一汝度，神将来舍。德将为汝美，道将为汝居，汝瞳焉如新生之犊而无求其故！"①深刻阐述了形与神一体的协调一致性。

三、神高于形

庄子又认为，神高于形，当生命行将结束时，形体与精神就会发生分离，形体会死亡，精神却可以长存。"仲尼曰：夫孟孙氏尽之矣，进于知矣，唯简之而不得，夫已有所简矣。孟孙氏不知所以生，不知所以死。不知孰先，不知孰后。若化为物，以待其所不知之化已乎！且方将化，恶知不化哉？方将不化，恶知已化哉？吾特与汝，其梦未始觉者邪！且彼有骇形而无损心，有旦宅而无耗精。孟孙氏特觉，人哭亦哭，是自其所以乃。且也相与吾之耳矣，庸讵知吾所谓吾之非吾乎？且汝梦为鸟而厉乎天，梦为鱼而没于渊。不识今之言者，其觉者乎，其梦者乎？造适不及笑，

---

① 陈鼓应.庄子今注今译：全三册[M].北京：中华书局，1983：604.

献笑不及排，安排而去化，乃入于寥天一。"①只有变易的形体而无变易的精神，人的精神可以变易宅舍而不死亡，强调了形体可灭而精神永存。

同时，庄子强调，养神高于养形，精神修养到达一定程度，有助于形体保持其稳定性从而渐趋长生。"至道之精，窈窈冥冥；至道之极，昏昏默默。无视无听，抱神以静，形将自正。必静必清，无劳汝形，无摇汝精，乃可以长生。目无所见，耳无所闻，心无所知，汝神将守形，形乃长生。慎汝内，闭汝外，多知为败。我为汝遂于大明之上矣，至彼至阳之原也；为汝入于窈冥之门矣，至彼至阴之原也。天地有官，阴阳有藏，慎守汝身，物将自壮。我守其一以处其和，故我修身千二百岁矣，吾形未常衰。"②主张"养神""全神"，十分重视"神"在整个生命过程中的作用。"正形凝神"注重形体与精神的紧密结合。曾以"薪火之喻"来加以阐释："指穷于为薪，火传也，不知其尽也。"③薪脂终有燃尽之时，而火却可以继续存在，比喻形去而神不灭，形成了形与神兼养的生命修养观。因此，养生主要在于养神而高于养形。

① 陈鼓应.庄子今注今译:全三册[M].北京:中华书局,1983:218-219.
② 陈鼓应.庄子今注今译:全三册[M].北京:中华书局,1983:304-305.
③ 陈鼓应.庄子今注今译:全三册[M].北京:中华书局,1983:114.

第三节　身心超越的生命境界观

一、身心关系

庄子认为，从身心关系上看，二者存在着整体与局部的关系。"仁则仁矣，恐不免其身；苦心劳形以危其真。呜呼，远哉其分于道也！"①"身"即身躯、肉体，指代整个生命体，心则是身的内在层面，代表内涵、精神，二者有机合成身体。从身体意义上来说，庄子注重养生，如"吾生也有涯，而知也无涯。以有涯随无涯，殆已；已而为知者，殆而已矣。为善无近名，为恶无近刑。缘督以为经，可以保身，可以全生，可以养亲，可以尽年"②。这里庄子将"身"与"生"并论。

同时，庄子抨击世俗君子重形轻神，危身弃物的做法。"道之真以治身，其绪余以为国家，其土苴以治天下。由此观之，帝王之功，圣人之余事也，非所以完身养生也。今世俗之君子，多危身弃生以殉物，岂不悲哉！凡圣人之动作也，必察其所以之与其所以为。今且有人于此，以随侯之珠弹千仞之雀，世珠笑之，是

---

① 陈鼓应.庄子今注今译：全三册[M].北京：中华书局，1983：867.
② 陈鼓应.庄子今注今译：全三册[M].北京：中华书局，1983：104.

何也？则其所用者重而所要者轻也。夫生者，岂特随侯之重哉！"①庄子认为，少私寡欲，知耕而储，自行于大道，即便给予他人也不希酬报，便是生时自得而乐，死时安然而葬。从这个方面庄子得出结论"曾子居卫，缊袍无表，颜色肿哙，手足胼胝。三日不举火，十年不制衣，正冠而缨绝，捉衿而肘见，纳屦而踵决。曳纵而歌《商颂》，声满天地，若出金石。天子不得臣，诸侯不得友。故养志者忘形，养形者忘利，致道者忘心矣"②。庄子希望，修养心志的人可以不在意形骸，修养身形的人能够不计利禄，得道的人可以放弃心机才智。

从身体的物质形态意义上讲，常与生死并论。"天下有大戒二：其一，命也；其一，义也。子之爱亲，命也，不可解于心；臣之事君，义也，无适而非君也，无所逃于天地之间。是之谓大戒。是以夫事其亲者，不择地而安之，孝之至也；夫事其君者，不择事而安之，忠之盛也；自事其心者，哀乐不易施乎前，知其不可奈何而安之若命，德之至也。为人臣子者，固有所不得已。行事之情而忘其身，何暇至于悦生而恶死！"③关注自我心性修养之人，或悲或喜都不易使之动容，明白世事维艰，无奈之际却也能安时处顺，这就达到了道德修养的至高境界。遇事要把握真性情并忘却自身，便顾不上恋生恶死。

再有"世丧道矣，道丧世矣，世与道交相丧也，道之人何由兴乎世，世亦何由兴乎道哉！道无以兴乎世，世无以兴乎道，虽圣人不在山林之中，其德隐矣。隐，故不自隐。古之所谓隐士者，非伏其身而弗见也，非闭其言而不出也，非藏其知而不发也，时命大谬也。当时命而大行乎天下，则反一无迹；不当时命而大穷

① 陈鼓应.庄子今注今译：全三册[M].北京：中华书局，1983：800.
② 陈鼓应.庄子今注今译：全三册[M].北京：中华书局，1983：809.
③ 陈鼓应.庄子今注今译：全三册[M].北京：中华书局，1983：135-136.

乎天下，则深根宁极而待：此存身之道也"。①

"古之存身者，不以辩饰知，不以知穷天下，不以知穷德，危然处其所而反其性己，又何为哉！道固不小行，德固不小识。小识伤德，小行伤道。故曰：正己而已矣。乐全之谓得志。古之所谓得志者，非轩冕之谓也，谓其无以益其乐而已矣。今之所谓得志者，轩冕之谓也。轩冕在身，非性命也，物之傥来，寄者也。寄之，其来不可圉，其去不可止。故不为轩冕肆志，不为穷约趋俗，其乐彼与此同，故无忧而已矣。今寄去则不乐，由是观之，虽乐，未尝不荒也。故曰：丧己于物，失性于俗者，谓之倒置之民。"②道德几经衰退后，至尧、舜治理天下，开启教化风气，质朴淳厚之风再度被破坏，德行见寡，舍弃本性而顺从于私心。天下难以安定，随后浮华的文饰、众多的俗学淹没了人性的纯真，人心开始纷乱和迷惑，难以返璞归真。

由是观之，若世间丧失自然之道，自然之道便会远离人世，使得有道之人难以立足于人世间，社会又怎么能从自然之道得以发展呢？长此以往，圣人的德行也必将被隐没。

"吾唯不知务而轻用吾身，吾是以亡足。今吾来也，犹有尊足者存焉，吾是以务全之也。夫天无不覆，地无不载，吾以夫子为天地，安知夫子之犹若是也！"③叔山无趾因犯错作践自身，失掉两个脚趾。苍天包容一切，大地容纳万物，使孔丘惭愧，认可叔山无趾虽有过错与肢残，还努力进学来纠错，以心性修养弥补身体残缺，精神宝贵，值得学习。

"天下有至乐无有哉？有可以活身者无有哉？今奚为奚据？奚避奚处？奚就奚去？奚乐奚恶？

① 陈鼓应.庄子今注今译：全三册[M].北京：中华书局，1983：435.
② 陈鼓应.庄子今注今译：全三册[M].北京：中华书局，1983：438.
③ 陈鼓应.庄子今注今译：全三册[M].北京：中华书局，1983：169.

"夫天下之所尊者，富贵寿善也；所乐者，身安厚味美服好色音声也；所下者，贫贱夭恶也；所苦者，身不得安逸，口不得厚味，形不得美服，目不得好色，耳不得音声；若不得者，则大忧以惧，其为形也亦愚哉！

"夫富者，苦身疾作，多积财而不得尽用，其为形也亦外矣。夫贵者，夜以继日，思虑善否，其为形也亦疏矣。人之生也，与忧俱生，寿者惽惽，久忧不死，何苦也！其为形也亦远矣。烈士为天下见善矣，未足以活身。吾未知善之诚善邪，诚不善邪？若以为善矣，不足活身；以为不善矣，足以活人。故曰：'忠谏不听，蹲循勿争。故夫子胥争之以残其形；不争，名亦不成。诚有善无有哉？'

"今俗之所为与其所乐，吾又未知乐之果乐邪，果不乐邪？吾观夫俗之所乐，举群趣者，迳迳然如将不得已，而皆曰乐者，吾未之乐也，亦未之不乐也。果有乐无有哉？吾以无为诚乐矣，又俗之所大苦也。故曰：'至乐无乐，至誉无誉。'

"天下是非果未可定也。虽然，无为可以定是非。至乐活身，唯无为几存。请尝试言之。天无为以之清，地无为以之宁，故两无为相合，万物皆化生。芒乎芴乎，而无从出乎！芴乎芒乎，而无有象乎！万物职职，皆从无为殖。故曰：'天地无为也而无不为也。'人也孰能得无为哉！"[1]

庄子以"心"求道，以"身"体道，以"神"观道，与道通，唯道集虚，有着"身心超越"的生命境界观。

二、心的重要性

人对生存的需要是人的自然属性的真实体现，庄子在以道衍

---

[1] 陈鼓应.庄子今注今译：全三册[M].北京：中华书局，1983：480-483.

生万物的基础上形成了注重现实人生的生命观。更多地以"心"诠释"道"，提出"心斋""坐忘"等修道方法，注意心性修炼，可以说是沿着老子从宇宙意义上阐发"道"的路径，逐渐形成一个循"道"入心的过程。

在循"道"入心的过程中，庄子发现心会受到各种各样的束缚，即一种"桎梏"。"无趾语老聃曰：'孔丘之于至人，其未邪？彼何宾宾以学子为？彼且蕲以诚诡幻怪之名闻，不知至人之以是为己桎梏邪？'老聃曰：'胡不直使彼以死生为一条，以可不可为一贯者，解其桎梏，其可乎？'无趾曰：'天刑之，安可解！'"①道德修养高的人往往把一切看作束缚自己的枷锁，如果这种枷锁难以解脱，它会影响人的自由发展，使心灵不能自由洒脱。从庄子的生命观对"心"的深刻剖析可以看出，不同的"心"对"身"所产生的不同影响。

（一）认知心

认知心是就对象性认识而言的，"知者，接也；知者，谟也"②，但庄子认为这种认识有悖于自由境界，对象认识都是有限的，从而无法达到"本真"，是一种桎梏，同时，他认为，对象性认识都与语言相关，语言只是媒介，不能代表心灵境界。他的结论是"知者不言，言者不知"，这里强调的是真知，不是认识对象。

（二）嗜欲心

很显然，嗜欲心是受外部对象所牵制的心，也是一种桎梏，他并不完全反对人对生存的欲望，只是反对人为的"功利机巧"

---

① 陈鼓应.庄子今注今译：全三册[M].北京：中华书局，1983：169.
② 陈鼓应.庄子今注今译：全三册[M].北京：中华书局，1983：660.

的嗜欲之心。"其嗜欲深者，其天机浅。"①这里的"天机"指生命的真正本源。"执道者德全，德全者形全，形全者神全，神全者，圣人之道也。"②这里的"道""德"就是天机，"道""德""形""神"皆全者才有圣人之境。

（三）喜怒哀乐之心

庄子否定情感，往往是从正面提出，如"安时而处顺，哀乐而不能入也"③"喜怒哀乐，不入于胸次"④，还有从"鼓盆而歌"等都可以看出。但庄子的"寓言""卮言"等从侧面肯定情感的主旋律，如通过"梦为蝴蝶"与"鱼之乐"等比喻说明人的"至乐"，还讲"哀莫大于心死"，可见庄子也是讲大哀的，说明了他对情感心灵的关注。

庄子反对的是世俗之情，主张"无情之情"，这是一种反传统的超世俗之情。"意仁义其非人情乎！"⑤首先，庄子对生命产生、发展的过程以及生命的终结和领悟生命的意义进行了诠释，认识到它们之间的相互联系和相互作用。不必为生命的到来而过分欣喜，也不必为生命的终结而悲叹不已。其次，庄子生动解释了生命的意义这一命题，并开启了玄学之先河，促进了形而上的初步思考。站在历史的长河中，仰视广袤无垠的宇宙，慨叹短暂的时光、辽阔的空间，彰显出个人的渺小，以玄学的思维路径引导人们深入思考生命的意义，形成了大量篇章。最后，庄子哲学立足于平民，对生命意义进行深刻追问，以"变与不变"的辩证观把握人生，对后人影响深远。

---

① 陈鼓应.庄子今注今译:全三册[M].北京:中华书局,1983:186.
② 陈鼓应.庄子今注今译:全三册[M].北京:中华书局,1983:345.
③ 陈鼓应.庄子今注今译:全三册[M].北京:中华书局,1983:114.
④ 陈鼓应.庄子今注今译:全三册[M].北京:中华书局,1983:576-577.
⑤ 陈鼓应.庄子今注今译:全三册[M].北京:中华书局,1983:257.

　　庄子又难免因处境的低下、凄凉而感慨人生，严重影响到他对人生机遇的选择，以及在此基础上促成的世界观、人生观。对生命存在的价值、意义的叩问，伴随着人类发展的过程，意欲超越却又因乏力于生存之现状而无奈，对生命进行探求与思考应是人之为人的自觉。庄子及其关于生命意识的思考，无疑是一种历史意义的进步，庄子的人生思考为人们提供了一种生命价值探求体系。

　　庄子是一位具有终极关怀而又悲天悯人的智者。庄子的一生"安时处顺""游心于德"，轻功名，鄙利禄，具备独立的人格追求，重视人的精神自由，这种生活态度在今天是十分宝贵的。

　　就庄子哲学的宗旨而言，心是自然、本己、纯常的澄明状态，将其内化为人的心灵境界。这颗心就是人的本性，是超然于身外的，人怀着这颗心在本原状态下能与天地万物共生共荣，是"人心""常心""民心""修心"等，然而，当本真自然之心被遮蔽时就有了"怒心""师心""贼心""机心""忮心""成心"等。如固执己见、自以为是之心称为"师心"；心术不正之心称为"贼心"；滥用智谋、违背自然天道之心称为"机心"；怀有仇视、嫉恨之情的心称为"忮心"；偏执于是非、美丑一端之心，即执滞于是非，进行无穷是非纷争之心称为"成心"。

第四节　庄子生命观的解脱之路

庄子所处的时代使他饱受身心折磨，苦涩的人生经历激起了他对生命的无限感悟。他关注人的生命历程，理性思索人生的苦难境遇与生命的时限性，并分别从自然、社会、人自身的不同角度来阐述不同苦难的渊源，躬行于寻找解脱之路，力求找到自由超脱之境。

一、庄子生命观对自然的超越

道家在谈论生命时，往往把生命个体的存在与自然环境一起融入"天"的概念里，在庄子的思想里，人是自然万物之一，"号物之数谓之万，人处一焉"[①]，"天"是生命与自然的有机结合，这使得庄子的生命观归属于生命自然观，将生命的本源、本质、存在方式都归属于自然，将生命与自然始终紧密结合在一起，继而从善待生命的角度倡导人与自然应和谐相处。

（一）生命源于自然

在庄子的眼里，"道"是存在于宇宙中大化流行、生生不息的

---

① 陈鼓应.庄子今注今译：全三册[M].北京：中华书局，1983：443.

生命力，万物生成的过程自然包含着各种生命状态，这种生生不息的生命展现自身的过程就是显现宇宙万物生成的过程。庄子在继承老子的"生命源于自然之道"思想的基础上，认为"道"是生命产生的根源，自本自根、生化万物，人的生命是"道"化"气"、"气"聚"形"的结晶，认为"道"化生万物的途径就是通过"气"的聚合进行变换，所以，自然之气是生命生成的物质基础，这就使得生命与自然有了天然的不可分割的联系，这也是庄子生命观的逻辑起点。

　　生命源于自然，决定了生命对自然环境的依赖性，天地相合、以降甘露，生命才有不竭之源；枝繁叶茂、硕果累累，人类才能生存。天地万物是生命的依托，庄子也认为人类生命最理想的状态就是享受自然的怀抱，"刻意尚行，离世异俗，高论怨诽，为亢而已矣；此山谷之士，非世之人，枯槁赴渊者之好也。语仁义忠信，恭俭推让，为修而已矣；此平世之士，教诲之人，游居学者之所好也。语大功，立大名，礼君臣，正上下，为治而已矣；此朝廷之士，尊主强国之人，致功并兼者之所好也。就薮泽，处闲旷，钓鱼闲处，无为而已矣；此江海之士，避世之人，闲暇者之所好也"①。其思想具有浓厚的浪漫主义色彩，磨砺心志者可崇尚修养；不同流俗、以身殉志者超脱尘世、谈吐不凡、洁身自好；周游列国、退居讲学的人所追求的是恭敬和信实，注重仁爱忠贞和道义，注重修身，提倡节俭、礼让和谦逊，对人施以教化；而致力于开拓疆土、建功立业的人所追求的是强大国家，尊崇国君。

　　若不需磨砺心志而自然高洁，不需倡导仁义而自然修身，不需避居江湖而心境自然闲暇，不需舒活经络气血而自然寿延长久，没有什么不忘于身外，而又没有什么不据于自身。宁寂淡然而且心智从不滞留一方，而世上一切美好的东西都汇聚在他的周围。

---

① 陈鼓应.庄子今注今译：全三册[M].北京：中华书局，1983：423.

这才是像天地一样的永恒之道，这才是圣人无为的无上之德。

所以说，恬淡、寂寞、虚空、无为，这是天地赖以均衡的基准，而且是道德修养的最高境界。

生命与自然又有着同源性，庄子称为"人与天一"，因为人与天同源于"道"又同化于"气"，最后同成于"德"，这是一种"天人合一"论，是天与人的亲和性，天与人只有相互协调才能共存共荣。

（二）生命的本质是自然

庄子认为，人的本性是道性的体现，道性是生命的本然性，这种"道"的本性就是自然，即所谓"道法自然"。庄子主要是从生命的本然性及人的生命与万物的有机联系中分析人的生命本性的，其中是以宇宙为参照，以自然为价值尺度来考察的。这是一种超越本能的终极意义上的理性观照的结晶，具有"朴"与"真"的基本内涵，以"素朴""质""真""天"等概念去诠释自然意蕴。"夫至德之世，同与禽兽居，族与万物并，恶乎知君子小人哉！同乎无知，其德不离；同乎无欲，是谓素朴；素朴而民性得矣……夫残朴以为器，工匠之罪也"[①]。只有内在的自然本性才是生命的本真之性。

生命的自然本质就其个体而言，生命的归宿就是死亡，而就整个生命群体而言，生命的归宿存在于子孙繁衍中，但庄子有了更深刻的认识，他认为人的生命的最终归宿是被纳入宇宙万物的大化流行之中，是自然现象，如春、夏、秋、冬四季更替，是另一种意义上的"物化"现象，从而在庄子那里，生命的结束具有一种永恒性，在自然中得以永生，生命之根在自然之"道"中得以存续，即生命"生于道""复于道"。

---

① 陈鼓应.庄子今注今译：全三册[M].北京：中华书局，1983：27.

（三）生命何以超越自然

在庄子眼中，要做到顺乎自然，避免与外界事物产生矛盾冲突，就能避免许多危害，才能全身养生，用顺的办法来处世，可得安然……因和顺都是要秉承事物的本来之道。[①]

"天下莫大于秋毫之末，而大山为小；莫寿于殇子，而彭祖为夭。天地与我并生，而万物与我为一。"[②]任何一物都可以为大，因为总有更小的存在；任何一物又都可以为小，因为总有更大的事物存在，由此看来，无物不寿。"天下莫大于秋毫之末，而大山为小"是从正反辩证得出的结论，"天地与我并生，而万物与我为一"指明相对于宇宙本体的"道"而言，是独一无二的，事物的大小、贫贱、寿夭、是非等都是相对而言的，老子讲"道可道，非常道；名可名，非常名。无名，天地之始；有名，万物之母"[③]。"道"如果用言语来表达，就是常"道"；"名"如果用文辞去诠释，那就是常"名"，"无"用来表述天地混沌未开的景象；"有"指宇宙万物产生之本原。从"有"中去体会"道"的迹象；从"无"中去领悟"道"的奥秘。"道"是先于天地而存在的，可被称为万物之母，"道者，万物之奥"[④]。

庄子彻底发挥了老子"道"为生命之本的思想和解释。"道"是真实的，确凿可信，然而它却又是无形、无为的；"道"不可以口授，但可以感知，不可以看见，但是可以领悟；"道"就是本根，它产生天地，并用来统驭天地。"道"十分广阔，可以覆盖万物。君子要敞开心扉，摒弃杂念，用无为的态度包容万千，拥有宽广伟大的心智，保持自然禀性，建功济物，完备修养，不贪图

---

① 徐宇宏.忘生死而顺自然[J].中国道教,2005(2):53-54.
② 陈鼓应.庄子今注今译:全三册[M].北京:中华书局,1983:80.
③ 老子[M].上海:上海古籍出版社,2013:1.
④ 王弼.王弼集校释[M].北京:中华书局,1980:161.

富贵，不以穷困为羞耻，不以通达为荣耀，只有这样，才能藏金于大山，沉珍珠于深渊。既然人的整个生命形态包括身体与精神，而且都由"道"所赋予，那么生命的出现与消失也是随着"道"的变化而变化的，"道"既然是万物之源，也应是万物变化之根本准则。

把个体生命与自然生命合而为一，应以顺应自然的态度对待生与死的自然发生过程。不过，庄子也难免会感叹："人谓之不死，奚益！其形化，其心与之然，可不谓之大哀乎？"①而这正是他逐渐认识到生与死都是自然现象的过程，万物齐同，生死一如。"死生存亡之一体。"②"生也死之徒，死也生之始。"③生死本无界，顺其自然，方能消除对死的恐惧与痛苦，从而从中得到解脱。"庄子妻死，惠子吊之，庄子则方箕踞鼓盆而歌。惠子曰：'与人居，长子、老、身死，不哭亦足矣，又鼓盆而歌，不亦甚乎！'庄子曰：'不然。是其始死也，我独何能无概！然察其始而本无生，非徒无生也，而本无形，非徒无形也而本无气。杂乎芒芴之间，变而有气，气变而有形，形变而有生，今又变而之死，是相与为春秋冬夏四时行也。人且偃然寝于巨室，而我嗷嗷然随而哭之，自以为不通乎命，故止也。'"④庄子妻死后他"鼓盆而歌"的方式正是表达了他认为的"死是回归自然的表现"，他认为生死只不过是一种自然现象，如一年四季之运行。庄子所高扬的"真人"就在于不仅不为功名利禄所动，而且能做到"安时而处顺，哀乐不能入也"。郭象注《齐物论》中曰："玄通合变之士，无时而不安，无顺而不处，冥然与造化为一，则无往而非我矣，将何得何失，孰生孰死哉！"只有立足宇宙观、生死观，面对死亡，超然达

① 陈鼓应.庄子今注今译：全三册[M].北京：中华书局，1983：53.
② 陈鼓应.庄子今注今译：全三册[M].北京：中华书局，1983：207.
③ 陈鼓应.庄子今注今译：全三册[M].北京：中华书局，1983：597.
④ 陈鼓应.庄子今注今译：全三册[M].北京：中华书局，1983：484-485.

观，不动心情，摆脱物欲所累，才能做到"物物而不物于物"。

二、庄子生命观对社会的超越

人类生存在两个环境之中：自然环境和社会环境。这两大环境本是相统一的，然而在庄子的时代背景里，社会与自然产生了明显的对立，肆意的战争使自然环境遭到了严重的破坏，人的生命和精神也遭到了严重的摧残，在此情况下，庄子对社会制度进行了严厉的抨击，着力从生命与自然必然联系的角度去构建既尚天道也重人道的生命观。

（一）生命与社会

人类的自然本性决定了人类可以创造人文，发展文明，但在庄子当时生活的环境中，有些人带着仁义礼法等文明的面纱疯狂追逐身外之物，自然与人文产生了严重冲突，在庄子看来，人既然是宇宙万物的一分子，这决定了人与自然的天然性联系，必须在"天道"的支配下生存。

庄子主张自然主义的人性论，主张人应顺自然，顺天道，共同遵循自然规律，但由于人是存在于社会之中的，人道也就存在于具有社会性的人的活动之中，所以，人道就不能与天道的内容完全相同，比如四时更替、晦明之变属天道内容，而贵贱有序、男耕女织等属人道内容，人作为社会性活动的主体决定了人道与人类社会的密不可分。

庄子的无为思想也是在深刻理解人与社会的关系后形成的，人作为社会性的存在，不可能一直像自然万象一样生活，而是需要理性的自觉，来改善自己的生存状况，所以庄子也强调人的能动性在自然原则中的运用，但他所强调的遵循自然法则的"为"

是"无为之为",将无为建立在主体理性自觉的基础上,使无为自由的状态向自为的状态转化,这正说明了人具有不同于一般自然存在物的主体性特征。

(二)生命何以超越社会

庄子的人生哲学主要源于对现实人生困境的感悟,在他所处的动荡的时代里,对世界的绝望可想而知,在绝望的背后庄子选择了"安时而处顺"的态度,尽管不甚完满,但至少他寻到了无奈之后的心灵宁静、自由与逍遥。

"且夫得者,时也;失者,顺也;安时而处顺,哀乐不能入也。此古之所谓县解也。而不能自解者,物有结之。"①庄子身处世界之中,无法逃避腐朽的社会制度对人所造成的摧残,是非、善恶与美丑显而易见,而自己又无能为力,只有求得精神上的自由、解放。于是庄子提出了"心斋":就是心完全的虚静恬淡,"若一志,无听之以耳而听之以心,无听之以心而听之以气。耳止于听,心止于符。气也者,虚而待物者也。唯道集虚。虚者,心斋也"②。通过"心斋"消除内心的"是非、善恶"感,从而消除自己的痛苦。社会险恶之时,如何缓解生存的压力与命运的无常,只有"安时而处顺",方能"哀乐不能入也"。

庄子的安命观尽管有着宿命论的成分,但也充分体现了他是在尊重客观规律的基础上寻求精神的解放,值得我们在心浮气躁时好好借鉴,庄子也并非一味地、毫无来由地顺从一切,他是在"不失己、不失尊严、不失自我"的前提下去顺应的,"外化而不内化",在大千世界中严格保持自己的人格,不失原则,不卑不

---

① 陈鼓应.庄子今注今译:全三册[M].北京:中华书局,1983:208.
② 陈鼓应.庄子今注今译:全三册[M].北京:中华书局,1983:129.

亢。"审乎无假而不与物迁，命物之化而守其宗也"①，从而达到光明而高尚的真正的内心平静。

　　庄子生活在战国中期，一方面，社会动荡、诸侯割据、连年征战，生活的安宁只是梦想而已；另一方面，人们争权夺利、物欲横流，丧失了人之为人的本性与尊严。庄子面对社会的沉沦与堕落，在异常悲愤之余唯有寄托在精神上寻求自由。庄子甚至在这个时候强调了死亡的价值，如果"终身役役而不见其功"，死又何尝不是一种解脱；如果人之生与忧俱在，久忧不死，漂泊无定，死亡又何尝不是一种皈依！但这并非是一种倡导死亡的行为，而旨在消除人类对死亡的恐惧，并非与珍惜生命相矛盾。在《庄子·杂篇·盗跖》篇中，庄子就批判了伯夷、叔齐、鲍焦、申徒狄、介子推、尾生等六人"自残生命、离名轻死"的不重生命之行，要达到精神的自由并非要以绝对的好与坏来评价生与死。

　　（三）庄子生命观对自我的超越

　　生老病死，爱恨情仇，种种哀乐之情与利害之欲可以说与生俱来，这是人在本性上为前行之路所设置的难以逾越的鸿沟，这种障碍就是自我之困。

　　1.对自我的认识

　　庄子理性地对待生死，忧惧无益，他一再称羡"终其天年"的生灵，将自我融入自然万象，以求自由、健康、恬适。他认为沉溺于权利名色便会误入歧途，丧失自我，是可悲的人生，诚然，个人对世俗社会的险恶妄为是无能为力的，但重要的是应该肯定生命是属于自我的，思维的取向和心理的调适在很大程度上取决于自我，能摆脱世俗关系和观念的羁绊，善待自然赋予自己的生命，心灵才能遨游于自由舒适的精神活动领域，能够"与造物者

---

　　① 陈鼓应.庄子今注今译：全三册[M].北京：中华书局，1983：160.

游""游于物之初""独与天地精神往来"。

庄子尊重个性，维护天性和自我的独特价值，"势为天子，未必贵也；穷为匹夫，未必贱也。贵贱之分，在行之美恶"①。反对随波逐流"适人之适"，主张"自适其适"，以至于"忘适之适"，而且指出"性长非所短，性短非所续"②，推崇"大圣之治天下"，从而使人民"皆进其独志"。庄子同时强调"百家众技""皆有所长，时有所用"，承认学术思想各有千秋，并不唯我独尊，这是一种观念态度和自我内在的精神追求。

2.超越自我

庄子认为，"物固有所然，物固有所可。无物不然，无物不可"③，事物原本就是这样，事物都有其存在的合理性。没有什么事物不该如此，也没有什么事物是无端存在的。庄子主张，"道通为一""从物性平等的立场，将人类从自我中心局限中提升出来，以开放的心灵观照万物，了解各物都有其独特的意义内容"④。批判"成心"正是受这种情与欲所困，因此，要提升"道"的境界必须摆脱情、欲对自身精神意识的干扰，这就是所谓的"心斋"与"忘我"。只有排除"成心"的干扰，才能凝气聚神，以"庖丁解牛"为例，意志不专，就无此安心定神之境界。以"心斋"体道，"喜怒哀乐不入于胸次"。其所谓"率情"认为"恶欲喜怒哀乐六者，累德者也"⑤。

庄子的"率情"并非否定一切人之情感，"无情之说，不是寂灭之谓也，只是任吾天然不增一毫而已，可见庄子与佛氏之学之

① 陈鼓应.庄子今注今译：全三册[M].北京：中华书局，1983：840.
② 陈鼓应.庄子今注今译：全三册[M].北京：中华书局，1983：257.
③ 陈鼓应.庄子今注今译：全三册[M].北京：中华书局，1983：69.
④ 陈鼓应.老庄新论[M].上海：上海古籍出版社，1992：131.
⑤ 陈鼓应.庄子今注今译：全三册[M].北京：中华书局，1983：660.

不同"①，只是反对为情所困，为物欲所困，认为："今世俗之君子，多危身弃生以殉物，岂不悲哉！"②杜绝以己之情为所欲为，以个人好恶为标准去判定自己的行为，迷失自我。"吾所谓无情者，言人之不以好恶内伤其身，常因自然而不益生也。"③此所谓"忘我""忘情""率情"。

庄子的这种超越之境也充满着对苦难时代人们的终极关怀，个体生命无法扭转世道的险恶，对惨无人道的统治者也曾进行了深刻的抨击，反抗政治黑暗，"举贤则民相轧，任知则民相盗。之数物者，不足以厚民"④。庄子继承了老子的思想，一方面，视人与自然界是对立统一的，行为不应该摒弃自身的自然状态，所以说"命有所成而形有所适，夫不可损益"⑤；另一方面，"君子不得已而临莅天下，莫若无为，无为也而后安其性命之情"⑥，要安民自然之情，方能得以天下太平。

庄子深刻地认识到，无法超越自己是人类最难以克服的弱点，一切困苦、纷争都源于人类的内心世界，庄子力求"与天为徒"，达到身心自由，以"真人、神人、至人"为理想人格的典范。

3.超越之境界——逍遥

《逍遥游》位于《庄子》内篇之首，其逍遥是游于尘世之外，无何有之乡，无极之野，是追求精神的超越，摆脱现实的精神束缚。"北冥有鱼，其名为鲲，鲲之大，不知其几千里也。化而为鸟，其名为鹏。鹏之背，不知其几千里也；怒而飞，其翼若垂天之云。是鸟也，海运则将徙于南冥。南冥者，天池也。"⑦北方大

---

① 宣颖.南华经解[M].广州：广东人民出版社，2008：46.
② 陈鼓应.庄子今注今译：全三册[M].北京：中华书局，1983：800.
③ 陈鼓应.庄子今注今译：全三册[M].北京：中华书局，1983：180.
④ 陈鼓应.庄子今注今译：全三册[M].北京：中华书局，1983：635.
⑤ 陈鼓应.庄子今注今译：全三册[M].北京：中华书局，1983：490.
⑥ 陈鼓应.庄子今注今译：全三册[M].北京：中华书局，1983：296.
⑦ 陈鼓应.庄子今注今译：全三册[M].北京：中华书局，1983：3-4.

海里的这一条鲲鱼，其体积大至几千里，化为鹏，展翅翱翔时像天边的云，可以随着海上汹涌的波涛迁徙到南方的大海。正如大鹏，《逍遥游》通篇带有恢宏之气，抒写宏大的志向，以鲲、鹏为生命象征，巨大的形象孕育着巨大的力量，能在邃远的空间自由活动，这种姿态正是人渴望已久的。无论是相对于形象、力量还是活动空间而言，人都是如此的渺小，总是不自觉地将自己限定在有限的时空中。庄子通过对鹏的高度赞扬，蝉和小鸠对鹏的讥讽，转而深刻思考了大小之变，认识到物适其性，"众人匹之，不亦悲乎"，人各有所属，各有所归，应安其性命之情，各安其所，各尽其意，各守其职。

庄子从其理想出发，提出了"至人无己，神人无功，圣人无名"的无所待的人生境界，不为物所累，不索求于社会，保持绝对自由的生存状态。无己：去我顺物。无功：不求有功。无名：不求名声。庄子注重人的心灵解放，无止境的欲望会迷失人的本性，失去精神上的自由。

庄子所处的战国时代，权势、贪欲如恶魔般吞噬着人的心灵，"自三代以下者，天下莫不以物易其性矣，小人则以身殉利，士则以身殉名，大夫则以身殉家，圣人则以身殉天下，故此数子者，事业不同，名声异号，其于伤性以身为殉，一也"①。"在逍遥游境界，庄子遗世独立、'独与天地精神往来'，毫不理会世俗钩心斗角、尔虞我诈的生活，精神空前升华而至于'无己''无功''无名'：超越了物我（'齐物我'），超越了是非（'齐是非'），超越了死生（'齐死生'）——'以生为附赘县疣，以死为决疴溃痈'（《大宗师》），超越了形体的局限和工具理性的范导——'堕肢体，黜聪明，离形去知'（《大宗师》）。显然，俗世林林总

---

① 陈鼓应.庄子今注今译：全三册[M].北京：中华书局，1983：262.

总的相对价值，已然被庄子超越"①。

庄子在历经惑其所惑、悲其所悲、梦其所梦、悟其所悟的艰难困苦后，终于寻觅到了人生解脱之道——"忘"。从"忘物"到"忘我"，使心灵处于空盈的澄澈中，甚至于生死消融，"见独，而后能无古今；无古今，而后能入于不生不死"②，进入绝对和谐之心境，主客、天人、物我、古今、生死消融为一，达到绝对和谐的心灵境界。现代学者冯友兰先生将这种精神境界称之为人类所能达到的最高境界——"天地境界"，个体的自由超脱涵涉与宇宙万物的整体和谐，达到"天人合一"的高远之境：安静、恬适、逍遥、无待。

人们如果能把自己的生命融入宇宙万物中，与天地并生，与万物为一，甚至超越生死之限与世俗之事，一如庄子"弊弊焉以天下为事"③，还能为什么所累呢？与"道"合一，可获永恒不息的存在，"指穷于为薪，火传也，不知其尽也"④。

---

① 徐春根.试论庄子的相对价值观及其超越[J].学术论坛,2005(6):24.
② 陈鼓应.庄子今注今译:全三册[M].北京:中华书局,1983:202.
③ 陈鼓应.庄子今注今译:全三册[M].北京:中华书局,1983:26.
④ 陈鼓应.庄子今注今译:全三册[M].北京:中华书局,1983:114.

先秦儒家与道家的
和谐理念

第一节 君子缘何"远庖厨"

孟子作为战国中期杰出的儒学思想家，其"爱物"思想继承和发扬了先儒"物我为一"和"物性善"的思路，表现出一种整体主义的宇宙观。孟子提出了十分重要的生态伦理学命题："仁民而爱物"，受到了现代生态伦理学创始人之一的法国思想家阿·施韦兹的高度重视。他说："中国哲学家孟子，就以感人的语言谈到了对动物的同情。"[①]

本章将从"君子远庖厨"的话题谈起，引出"仁民爱物"的思想。

"君子远庖厨"这句话，最早是出自《礼记·玉藻》，"诸侯玄端以祭，裨冕以朝，皮弁以听朔于大庙，朝服以日视朝于内朝。朝，辨色始入。君日出而视之，退适路寝听政，使人视大夫，大夫退，然后适小寝释服。又朝服以食，特牲，三俎，祭肺，夕深衣，祭牢肉。朔月少牢，五俎四簋，子卯稷食菜羹。夫人与君同庖。君无故不杀牛，大夫无故不杀羊，士无故不杀犬豕。君子远庖厨，凡有血气之类，弗身践也。至于八月不雨，君不举。年不顺成，君衣布搢本，关梁不租，山泽列而不赋，土功不兴，大夫

① 史怀泽.敬畏生命[M].陈泽环,译.上海:上海社会科学院出版社,1995:72.

不得造车马。卜人定龟，史定墨，君定体"①。也就是说，凡有血气的东西都不要亲手去杀它们。汉代贾谊在《新书·礼篇》中引述了孟子的话："故远庖厨，仁之至也。"

所谓"君子远庖厨"，说的是一种不忍杀生的心理状态。也就是齐宣王"以羊易牛"的心理，因为他亲眼看到了牛即将被杀的样子而没有亲眼看到羊即将被杀的样子。

这也是孟子的性善论思想。孟子认为，人性本质上是善的，所以"人皆有不忍人之心"即同情心。这种同情心正是"爱物"生态伦理意识产生的内在心理基础。齐宣王因有这种不忍人之心，所以才有了见牛不杀而易羊的故事。对此孟子作了这样的评论："无伤也，是乃仁术也，见牛未见羊也。君子之于禽兽也，见其生，不忍见其死；闻其声，不忍食其肉。是以君子远庖厨也。"②

何以知道人人皆有"不忍人之心"呢？"人皆有不忍人之心。先王有不忍人之心，斯有不忍人之政矣。以不忍人之心，行不忍人之政，治天下可运之掌上。所以谓人皆有不忍人之心者，今人乍见孺子将入于井，皆有怵惕恻隐之心——非所以内交于孺子之父母也，非所以要誉于乡党朋友也，非恶其声而然也。由是观之，无恻隐之心，非人也；无羞恶之心，非人也；无辞让之心，非人也；无是非之心，非人也。恻隐之心，仁之端也；羞恶之心，义之端也；辞让之心，礼之端也；是非之心，智之端也。人之有是四端也，犹其有四体也。有是四端而自谓不能者，自贼者也；谓其君不能者，贼其君者也。凡有四端于我者，知皆扩而充之矣，若火之始然，泉之始达。苟能充之，足以保四海；苟不充之，不足以事父母。"③这里，孟子举"孺子将入于井"，任何人看到了都

---

① 孙希旦.礼记集解[M].北京：中华书局，1989：779-785.
② 杨伯峻.孟子译注[M].北京：中华书局，2012：16.
③ 杨伯峻.孟子译注[M].北京：中华书局，2012：83.

会有担心害怕的同情心理产生为例加以论证。孟子排除了各种外来的因素，认为人与生俱来的不忍人之心，正是人的本性，并据以推断："乃若其情，则可以为善矣，乃所谓善也。若夫为不善，非才之罪也。恻隐之心，人皆有之；羞恶之心，人皆有之；恭敬之心，人皆有之；是非之心，人皆有之。恻隐之心，仁也；羞恶之心，义也；恭敬之心，礼也；是非之心，智也。仁义礼智，非由外铄我也，我固有之也，弗思耳矣。故曰：'求则得之，舍则失之。'或相倍蓰而无算者，不能尽其才者也。《诗》曰：'天生蒸民，有物有则。民之秉彝，好是懿德。'孔子曰：'为此诗者，其知道乎！故有物必有则；民之秉彝也，故好是懿德。'"[①]而恻隐之心、羞恶之心、恭敬之心、是非之心都是美德，都是善，由此可知人的本性是善。

孟子继承了《周易》继善成性的思想，其性善论与爱护天地万物之情联系在了一起。《周易》的主旨在乾卦，而乾卦的主旨在善。"'元'者善之长也，'亨'者嘉之会也，'利'者义之和也，'贞'者事之干也。君子体仁足以长人，嘉会足以合礼，利物足以和义，贞固足以干事。君子行此四德者，故曰：'乾、元、亨、利、贞。'"[②]仁德厚重之君子具备四种品德：元、亨、利、贞，足以号令大众，众美之合，足以符合礼仪，和同义理便是利人利物，践行这四种美德的君子足以成就事业。"一阴一阳之谓道，继之者善也，成之者性也。仁者见之谓之仁，知者见之谓之知，百姓日用而不知，故君子之道鲜矣。显诸仁，藏诸用，鼓万物而不与圣人同忧，盛德大业至矣哉！富有之谓大业，日新之谓盛德。生生之谓易，成象之谓乾，效法之谓坤，极数知来之谓占，通变

---

① 杨伯峻.孟子译注[M].北京：中华书局,2012:283.
② 周振甫.周易译注[M].北京：中华书局,2012:5.

之谓事，阴阳不测之谓神。"①万事万物运转不息，相辅相成，是宇宙存亡盛衰的根本，持续阴阳之道、成就万事万物而产生宇宙就是善，是道德之义、天命之性，有仁德的称其为仁，聪明的人感悟此性即智。君子之仁道，蕴藏之以致用，鼓动万物生机，见之于行动，学问德行具足富有便是生生不息事业之伟大，其具体表现是能覆载万物，生成万物一片仁慈之心，推之人事，人本性就有了与天地一致为善的"性善论"。这里揭示出一个性善论成立的理由——即儒家易学的天人合一观，天地的本性为善，人的本性亦为善，这正是孟子性善论推导出"仁民而爱物"思想的秘密所在。从此观点出发，孟子还推导出十分宝贵的"天人同诚"的生态伦理思想。孟子曰："居下位而不获于上，民不可得而治也。获于上有道，不信于友，弗获于上矣。信于友有道，事亲弗悦，弗信于友矣。悦亲有道，反身不诚，不悦于亲矣。诚身有道，不明乎善，不诚其身矣。是故诚者，天之道也；思诚者，人之道也。至诚而不动者，未之有也；不诚，未有能动者也。"②诚乃立身之本，若要取得人的信任，就要以诚为本，诚实守信是做人之原则，不明白何为善就做不到真诚。所以，孟子认为"天之道"和"人之道"之所以"能动"（天人感应），就在于共同拥有一个"诚"，"诚"即真诚，是一种道德规范。孟子对天（自然界）讲"诚"的伦理道德，实际上正是其生态伦理意识的自然流露。孟子这一思想对荀子"天德"观和董仲舒"天人感应"观的提出产生了直接影响。

---

① 周振甫.周易译注[M].北京:中华书局,2012:308.
② 杨伯峻.孟子译注[M].北京:中华书局,2012:185.

第二节　"人禽之辩"与"仁民爱物"

　　孟子认为，人之所以异于禽兽者，在于人有"不忍之心""恻隐之心"等道德情感，并由此而有仁义之心，动物则没有。这就是孟子著名的"人禽之辩"。"夫夷子信以为人之亲其兄之子为若亲其邻之赤子乎？彼有取尔也。赤子匍匐将入井，非赤子之罪也。且天之生物也，使之一本，而夷子二本故也。盖上世尝有不葬其亲者，其亲死，则举而委之于壑。他日过之，狐狸食之，蝇蚋姑嘬之。其颡有泚，睨而不视。夫泚也，非为人泚，中心达于面目，盖归反虆梩而掩之。掩之诚是也，则孝子仁人之掩其亲，亦必有道矣。"①这里所谓的"一本"，就人而言是指父母，但就人与万物合而言之，则是指天地之仁心，即道德目的性，它是由人来实现的。张载把这一思想说得更明白，称"乾称父，坤称母""民吾同胞，物吾与也"。因此，道德情感是人之所以为人之处，也是人的尊贵之处，所谓"天爵""良贵"是也。这一点"不忍之心"，就是仁的根苗，人人皆有，看能不能"扩充"，"扩充"就是使这些道德情感不断扩大，由潜意识变成显意识，贯彻到人的行为中，以此待人接物，做到"仁民而爱物"，既施之于人，又施之于物，实现人与人、人与物的和谐相处。这是人的理想境界。

————————
① 杨伯峻.孟子译注[M].北京：中华书局，2012：142.

　　孟子所说"仁民而爱物"之"物"，也包括禽兽在内，"人禽之辩"的深层含义包括人对动物要有关爱、同情和保护意识，这是人的职责。人之为人在于仁，仁的本质在于爱，仁的普遍性在于爱一切生命。人的道德情感是生命情感，人的高贵之处在于能使道德情感显现出来，施之于万物。人与万物本来为一体，孟子讲"万物皆备于我矣。反身而诚，乐莫大焉。强恕而行，求仁莫近焉"①。这里，万物"皆备于我"是指人的天性。孟子认为，人的本性蕴含天地万物之道，因此，人们应当反复印证天赋善性，努力践行天赋本性。

　　孟子将"反身""自反""反求"作为修身证道的重要手段。所谓反身，一是遇到任何问题都首先从自身找原因；二是在生命过程中始终有勇气直面自己的内心，经常加以拷问和省察。诚，便是忠于自己的内心，忠于自己的良知。

　　反身而诚，是内省不疚，是仰不愧于天，俯不怍于人。这样获得的满足与喜乐，是内在自足的，因此"乐莫大焉"。"反身而诚，乐莫大焉。强恕而行，求仁莫近焉。"②万物本来就在我的情感活动之中，可谓"求仁而得仁"。孟子还主张"推恩"，"故王之不王，非挟太山以超北海之类也；王之不王，是折枝之类也。老吾老，以及人之老；幼吾幼，以及人之幼。天下可运于掌"③，由近及远地推行仁道。"然则小固不可以敌大，寡固不可以敌众，弱固不可以敌强。海内之地方千里者九，齐集有其一。以一服八，何以异于邹敌楚哉？盖亦反其本矣。今王发政施仁，使天下仕者皆欲立于王之朝，耕者皆欲耕于王之野，商贾皆欲藏于王之市，行旅皆欲出于王之涂，天下之欲疾其君者皆欲赴愬于王。其若是，

---

① 杨伯峻.孟子译注[M].北京:中华书局,2012:332.
② 杨伯峻.孟子译注[M].北京:中华书局,2012:332.
③ 杨伯峻.孟子译注[M].北京:中华书局,2012:16.

孰能御之。"①孟子对齐宣王"恩足以及禽兽"的做法也给予了很高的评价，"今恩足以及禽兽，而功不至于百姓者，独何与？然则一羽之不举，为不用力焉；舆薪之不见，为不用明焉，百姓之不见保，为不用恩焉。故王之不王，不为也，非不能也"②，一个大王的功德恩惠都可以施到禽兽身上，却难以体现在百姓身上，不是不能做，而是不去做，不作为，不肯施恩德，自然不会被百姓拥戴，也难以用仁德统一天下。这既是人的情感世界、情感态度问题，也是人性问题，从生命意义上说，人与禽兽是一样的，也是平等的。禽兽作为万物中之一"物"，应在仁的范围之内，应当受到尊重与关爱。"人之所以异于禽兽者"，更重要的还在于人能够"扩充"其道德与情感，既施之于人类，又施之于动物，这才是人的尊贵之处。如果认为，人最为天下贵，因而可以藐视万物，无所不为，那绝不是孟子的思想；相反，这正是孟子所反对的，因为这不符合人的本性。对动物的同情和关爱可谓一种"移情"，动物本身也是有情感的，并且能够表达情感，"觳觫"就是一种情感表达，人对之所产生的同情之心，就是一种情感交流，人对动物的这种同情，是一种生命意义上的"不忍之心"。

孟子很重视人的创造性和人的主体性，但人要做德行的主体，要普爱万物，与万物和谐相处。要将仁推之于万事万物，使万物能"各得其所"，实行人与自然的和谐。自然界充满生机，人才能享受到生命的快乐，这就叫"上下与天地同流"。为了"祭礼"的需要，杀生是不可避免的，齐宣王还是杀了羊，孟子也没有提出不该杀羊的主张。孟子只能提出"君子远庖厨"的说法，以表达人的"不忍之心"，并将这种"不忍之心"推行到社会政治和自然界。而没有进一步讨论何者该杀的问题，但是从他的一系列论述

---

① 杨伯峻.孟子译注[M].北京:中华书局,2012:17-18.
② 杨伯峻.孟子译注[M].北京:中华书局,2012:16.

可以看出，不能无故而杀生。"诸侯无故不杀牛，大夫无故不杀羊，士无故不杀犬豕，庶人无故不食珍。"①牛、羊、犬、豕是作祭礼用的，也是家畜，可供食用，但上至诸侯，下至士大夫，都不能无故而杀。孟子所关注的正是人类的道德情感与生活态度。这是伦理道德问题，需要人的自觉自律，不能靠强制。

第三节　从"仁民爱物"看生态伦理

孟子从人的本性是善，有仁爱之心，来推断"仁民而爱物"，即有仁爱之心的民众才会去爱护万物，儒学思想家的生态伦理思想并非一定是由性善论推衍出来的，像荀子主张性恶论、董仲舒主张性未善论等，而他们都有自己丰富的生态伦理思想。显然，性善论与"爱物"并不能画等号。"孟子道性善，言必称尧舜。"[①]孟子提倡性善论，是为其道德先验论服务的。因此，孟子为了他的道德先验论不得不主张性善论，这样一来，他的生态伦理思想亦不得不以性善论为基础，这可以说是孟子的生态伦理定律。

植物也是有生命的，这是孟子的生态伦理定律，森林和树木是人类生存环境的重要组成部分。孟子以"牛山之木"为例说明了这个道理。齐国郊外的牛山上生长着树木，郁郁葱葱。但是，如果不去爱护而是去砍伐它，赶牛羊去放牧，那么，牛山早晚变成秃山。这个比喻表达了孟子的生态观，表达了在人与自然关系问题上的基本态度。人类需要这种自觉意识，养护万物，使之"各得其所"，"苟得其养，无物不长；苟失其养，无物不消"[②]。

总之，孟子"使民养生丧死无憾"的生态伦理责任观，提倡

---

① 杨伯峻.孟子译注[M].北京:中华书局,2012:119.

② 杨伯峻.孟子译注[M].北京:中华书局,2012:288.

人类应树立保护自然资源的生态责任意识，这对维护生态平衡、保持人与自然的和谐和促进社会的可持续性发展具有十分重要的意义。当今，人类要缓解生态危机，重温孟子的生态伦理责任观是十分必要的。

孟子的"性善论"历经时代变迁，仍能焕发出新的光辉，我们需要沿承孟子的这种精神，弘扬中华民族的传统美德，不断完善自我，追求正义。

第四节　先秦儒家与道家的和谐理念

与西方近代哲学遵循主客二分思维方式存有较大的差异，中国本土文化源头的先秦儒、道两家却在天人合一思维模式的引导下，强调通过主体修养来提升人的德行，实现内在的精神超越，最终达到人与自然和谐相处的理想境界。先秦儒、道两家的致思路径虽有所不同，但它们倡导的人与自然共存互融的价值旨趣，不仅对中国文化的发展产生了深远的影响，也为现代社会缓解人与自然渐趋疏离的紧张关系提供了借鉴。

一、问题的提出

人与世界到底是什么样的关系，以及由此而引发的人应该以何种态度对待和处理这种关系，乃是哲学探讨的永恒主题。正是依据对人与世界关系问题回答的不同态度及处理方式，人们做出了中外、古今哲学的区分。

学术界较为普遍的看法是，西方哲学把人与世界万物的关系视作一种外在的异己关系，凸显出人的主体性地位，把世界万物仅仅作为主体的认知对象，处于客体性地位。毋庸置疑，这种主客二分式的思维方式对于引导人们对客观事物（客体）的本质、规律性的探求，对知识普遍性、必然性的追问，对西方近代社会科学的发展、生产力的提高以及生活、生产条件的改善起到了相当大的促进作用。然而，也正是由于把世界万物看作与主体的人处于彼此的外在关系之中，往往会导致人们在处理人与自然的关系时，凸显人的主体性，贬低外在之物，把其仅看作是主体的认识对象、征服对象，形成人类中心主义。过分地强调人的主体性地位，造成人与世界万物的关系日趋紧张也就在所难免了。当今所发生的资源浪费、环境污染、生态失衡，即是明显的例证。在此情形之下，重温中国传统哲学在处理人与世界关系上的"天人合一"模式，汲取其蕴含的合理性成分，也不失为一种理性之举。

"天""人"观念及其关系问题，一直是中国传统哲学关注的主要论题之一，诚如"北宋五子"之一的邵雍所言："学不际天人，不足以谓之学。"①虽然如此，但在处理天人关系时，却存在着两种完全不同的思维模式，一种是主张天人相分，突出代表是先秦时期的荀子及唐代的柳宗元等，明确地提出"明于天人之分"②，天与人"其事各行不相预"，强调天与人各有不同的职分，不能相互取代。然而，这种主张并非中国哲学的主流。另一种是天人合一。那么，天与人如何才能达到合一，即是说，通过什么样的路径实现天人合一的境界呢？就对中国文化产生巨大影响的先秦儒、道两家来说，它们的回答既有相通之处，又存在较大的差异。

---

① 邵雍.皇极经世书[M].北京:九州出版社,2012:513.
② 王先谦.荀子集解[M].北京:中华书局,2012:301.

二、先秦儒家的和谐意旨

张岱年先生在将中国传统哲学与西方哲学、印度哲学作比较时指出，"重了悟而不重论证"是中国传统哲学的一大特色。①了悟所讲求的乃是在生活、生命发展的过程中，通过心灵的感悟以达到有限与无限的融贯，经验与超经验的统一。概言之，这是一种内在的超越过程，也是一种理想的精神境界。而"了悟"所指向的对象乃是"道"，既包括"天道"，又包括"人道"。程伊川曾说："道未始有天人之别，但在天则为天道，在地则为地道，在人则为人道。"②就涵括天地万物的整个宇宙而言，其所蕴含的必然性之理是无分彼此的，从这一意义上说，"道"是没有分际的，它是唯一的、普遍的、绝对的。然而，这一绝对的普遍的"道"在不同的事物上会有不同的体现，在自然界则表现为"天道"，在人间则表现为"人道"。正是这种不同的表现，从而使天与人产生了分野，但是，天与人又都是全宇宙的一部分，就反映全宇宙的必然性之理即"道"来说，它们又不是悬隔殊异的，而是可以相通、相涉的。中国传统文化中的儒、道两家皆以"性"作为天与人相通、相涉的桥梁和中介。

作为儒家思想不竭的源头活水，孔子和孟子相当重视天人之关系。《论语》中记载子贡所说的："夫子之言性与天道，不可得而闻也。"③这句话颇为重要，因为《论语》一书言及"性""天道"的地方很少，而谈及"天""天命"的内容比较多，如"获罪

① 张岱年.中国哲学大纲[M].南京：江苏教育出版社,2005：9-10.
② 程颢,程颐.二程集[M].北京：中华书局,1981：282.
③ 杨伯峻.论语译注[M].北京：中华书局,2009：45.

于天，无所祷也"①"五十而知天命"②"天生德于予，桓魋其如予何？"③。孔子所谈论的"天""天命""天道"等，由于受时代的影响难免不带有神的宗教色彩，但从"天生德于予"透露出"天"所具有的道德意味已很明显了。④"天"所涵涉的道德意蕴是超越经验层面的，是绝对的、普遍的，人只有在生命的过程中，提高"天"所赋予的德行，才能体认个体的生命，与"天"进行内在的相连、相通，这样就能超越自我的限制，达到与"天"合一的境界。孔子强调通过道德的自觉以实现人与"天"通而为一，这不仅为日后儒家学说的发展指明了方向，还提出儒、道两家在达到"天人合一"的路径上存在着较大的差异。

孔子之后的儒家正是循此路径探求"天人合一"的理想境界的。"尽其心者，知其性也。知其性，则知天矣。"⑤"尽心"就是在存心养心的基础上不断地扩充心所本具之善端，如此便能证悟人之所受以生的性，因为性即在人心之中。不能"尽心"，则人之所受以生的性就难以呈现出来。性乃"天之所与我者"⑥，因此，"知性"便可以"知天"。这样，通过心、性的不断提升与无限扩充，即可达到人与天的相通。可见，这是通过道德的践履和人格

---

① 杨伯峻.论语译注[M].北京:中华书局,2009:27.

② 杨伯峻.论语译注[M].北京:中华书局,2009:12.

③ 杨伯峻.论语译注[M].北京:中华书局,2009:71.

④ 关于这一点,学术界早已有所论及。蒙培元先生这样说道,孔子虽没有明确提出"天德"这个概念,但是在他的学说中,已明显地具有这种思想。他所说的"天命",实质上就是"天德"。"天德"便是人的德行或道德的来源,具有形而上学的意味。(蒙培元.心灵超越与境界[M].北京:人民出版社,1998:133.)现代新儒家代表人物之一的徐复观先生则更为明确地指出:"孔子的所谓天命或天道或天,用最简捷的语言表达出来,实际是指道德的超经验的性格而言;因为是超经验的,所以才有其普遍性、永恒性。因为是超经验的,所以在当时只能用传统的天、天命、天道来加以征表。道德的普遍性、永恒性,正是孔子所说的天、天命、天道的真实内容。"(徐复观.中国人性论史·先秦篇[M].上海:上海三联书店,2001:77.)

⑤ 杨伯峻.孟子译注[M].北京:中华书局,2012:331.

⑥ 杨伯峻.孟子译注[M].北京:中华书局,2012:295.

修养的途径所实现的"天人合一"的精神境界。

　　总体上看来，儒家谈"天人合一"具有一种明显的特征，那就是天人相通的道德意蕴，这不仅表现在赋予"天""天道"以道德的性质和意义，更关注人的修养功夫和道德自觉，强调不离人的现实生活而又超越生活经验的羁绊，从而超越"小体"之我以实现天人合一的"大体"之我。这是真正的超越，是通过内在的精神超越所实现的人与自然和谐有序的理想境界。

　　就中国传统哲学来说，在处理天与人的关系时，哲学家们往往是以人、"人道"为基点，反观和理解天、"天道"，又以天、"天道"绝对性、普遍性、必然性的原则来解释和规范人、"人道"存在的合理性。儒家如此，道家也不例外。

三、先秦道家的和谐蕴涵

　　与儒家不同，道家讲"天""道"，否定其道德意味，而赋予"天""道"以自然无为的性格。"人法地，地法天，天法道，道法自然。"这里的"道法自然"，并不是说在"道"之外还有所谓"自然"的存在。"自然"即"无为"，"自然""无为"是"道"之本然，是"道"的内在规定性。作为"道"的内在规定性的自然无为也表现在"道"创生天地万物的过程中，是一种既非出于目的、又非有为造作的自然过程。同儒家相比，老子所言之"道"不仅没有道德的意义，且比孔、孟的天、"天道"等更高一层，乃是天地万物产生和存在的本根和依据。因此，在老子那里，天人合一就表现为人与"道"融通为一，这主要是通过"德"来实现的。"道生之，德畜之，物形之，势成之。是以万物莫不尊道而贵德。道之尊，德之贵，夫莫之命而常自然。"[①]"德"是"道"的

---

① 老子[M].上海：上海古籍出版社，2013：125.

分化，具体就人而言，人得之于"道"而成为人之所以为人的根据，便是"德"，也就是"人道"，亦即韩非子所说"德也者，人之所以建生也"①的意思。如上所述，"道"创生万物是自然的过程，人尊道而"畜德"的过程也应该是"生而不有，为而不恃，长而不宰"②的"莫之命而常自然"的过程。这一过程是一种修养功夫，援引老子的话说即是"致虚极，守静笃"③。排除人为的欲望与知识的牵扰，体验所以生的内在之"德"，回归本真的自然状态，最终达到人与宇宙万物整体和谐的超越境界。

与老子严格区分"道"与"天"的做法有所不同的是，庄子有时将"道""天""天道"等在同一层面上使用，如其所言："且道者，万物之所由也。"④"无为为之之谓天，无为言之之谓德。"⑤"天道运而无所积，故万物成。"⑥从这里我们可以看出，"道""天""天道"仅仅是概念使用上的差别，内涵并无不同。作为万物之所由生的本根即自然无为之"道"，又如何与万物（包括人在内）沟通呢？庄子基本上承接老子以"德"会通"道"与万物的做法，"物得以生，谓之德"⑦。万物得"道"以成形即是"德"，"德"是内在于万物之中的"道"。对于庄子以"德"会通万物与"道"的做法，徐复观先生曾做出这样的说明："《庄子》内七篇虽然没有性字，但正与《老子》相同，内七篇中的德字，实际便是性字。因为德是道由分化而内在于人与物之中，所以德实际还是道。"⑧这一分析是颇为中肯的。然而，必须指出，道家

① 高华平,王齐洲,张三夕.韩非子[M].北京:中华书局,2010:201.
② 老子[M].上海:上海古籍出版社,2013:125.
③ 老子[M].上海:上海古籍出版社,2013:34.
④ 陈鼓应.庄子今注今译:全三册[M].北京:中华书局,1983:875-876.
⑤ 陈鼓应.庄子今注今译:全三册[M].北京:中华书局,1983:323.
⑥ 陈鼓应.庄子今注今译:全三册[M].北京:中华书局,1983:364.
⑦ 陈鼓应.庄子今注今译:全三册[M].北京:中华书局,1983:335.
⑧ 徐复观.中国人性论史·先秦篇[M].上海:上海三联书店,2001:328.

以"德"（即"性"）作为沟通万物（包括人在内）与"道"的桥梁，这种做法虽与儒家以"性"会通人与"天道"的努力存在相似之处，但也只是在形式上相似而已，因为道家已在相当程度上消解了"德"（即"性"）的人为世俗的道德意味。

"德"既然是万物与"道"联系的中介，那么，作为万物一分子的人又该怎样通过"德"来实现人与"道"会通的逍遥境界呢？庄子以道家常用的逆向思维方式而提出"反德"，"反德"需要"心斋"和"坐忘"的功夫。"心斋"即是"虚心"的过程，让心灵摆脱各种外在桎梏的束缚，从而呈现出心灵的本真状态，这种本真状态也是"道"的本然状态。而"坐忘"的关键则在于忘掉感性的形体和外在的知识，与"道"合而为一。概言之。"心斋""坐忘"是让心灵、精神超越"有待"的限制而达到"无待"的、人与天（即"道"）内在合一的自由境界。

四、结语

构建和谐社会理念的提出，既是基于对当今世界人类生存与发展所面临的种种现实问题和矛盾的深刻思考，又是对人类文明成果的批判性继承与汲取。从上述对中国传统哲学"天人合一"论所作的粗略梳理，我们或许可以受到一些启迪。作为宇宙整体有机组成部分的天地万物皆处于普遍的内在的联系之中，它们是相互影响、相互作用、相互制约的，人与自然也不例外。就作为整体宇宙的构成要素来说，它们是相通的，因为它们都从各自的角度反映了宇宙的唯一性、整体性；然而，就它们自身情况而言，有所区别。有所区别，说明了人类认识自然界的特点及其规律的必要性；相通则说明人类在认识和掌握自然界必然性的基础上所采取的态度，应该把自然与人类的关系看作是内在的。既然如此，我们就不应该用敌对的态度"征服"自然，而应该用宽容的态度与之和谐相处。宽容意味着我们在承认自然、肯定自然规律的基础上主动地顺应它。这是一种物我两忘的超越，是一种万物一体的境界。

庄子生命哲学的
历史演变及治世影响

第一节 "吏治观"的形成
——先秦两汉时期

儒学注重伦理道德，注重社会人事，强调道德实践，突出表现在评价层面，属于"伦理型哲学"，倾向于对道德及人生问题的思索，但认知往往局限于人伦纲常及人际关系，人与自然的关系及事物发展的规律方面少有涉及。相比之下，道家则有所提升，在对人类进行思索的基础上引申到整个宇宙，并深刻探讨了人与天地万物的关系及由此产生的天人合一的和谐意蕴，很好地弥补了儒家的缺陷，将自然、社会都置于"道"的体系中来加以认知与思索，以"道"为理法，建立起"自然型哲学"，主张人与自然万物均需以"道"的属性存在或者出现。

"毋以日月为功，实试贤能为上，量材而授官，录德而定位，则廉耻殊路，贤不肖异处。"[1]"量材而授官，录德而定位"，是我国古代任命官吏的一个重要准则，据《资治通鉴·汉纪》记载，举荐制形成于西汉初期，武帝时渐趋成熟。董仲舒上疏武帝中提出"所贡贤者有赏，所贡不肖者有罚"的措施，强调赏罚分明的重要性。举荐人要为自己举荐的对象承担相应责任，有效避免了官吏在举贤时的私心。武帝规定"不举孝，不奉诏，当以不敬论。

---

① 班固.汉书:全十二册[M].北京:中华书局,1962:2513.

不察廉，不胜任也，当免"①。隋唐以后，则主要以科举制为主，而一些重要官员的任命，仍需中央和地方大臣的推荐。可以见得，举荐制是贯穿整个封建时代的一种重要的任官制度。这种制度的流弊在于"拘私谬举"。因此，如何保证录德定位，杜绝任人唯亲、举荐谬滥，一直属于完善举荐制的重要课题。

自秦朝至清朝末，国家官吏制称为"吏治"，官吏是古代对大小官员的习惯统称，指的是在国家机构中，由统治者授权、从事公共事务管理的公职人员。官是指部门的长官或有品级的官员，吏是指低级办事人员及各种差役。在秦朝以前，吏是大小官员的统称；秦汉以后，官、吏的界限逐渐明显。②

中国古代的官吏选拔任用制度大致经历了周代的"以血缘关系的亲疏远近为选官标准"的世卿世禄制，战国时期的"无功不受禄"的军功爵制，汉代的特举贤良方正或者岁举孝廉茂才的举荐制，魏晋南北朝"按等级择'上'录用"的九品中正制，隋唐之后"察举和征辟相结合"的察举征辟制和"公开考试，择优选官"的科举制，以科举制为主、以举荐作为补充的过程。相对于世卿世禄制等世袭制，举荐制在选任官吏方式上是一个显著的历史进步，它通过举荐、考察，使德才兼备的平民入仕或下级官员的晋升有了可能，从而激励了大批出身低微的官吏尽职尽忠。而科举制最终取代举荐制成为主要的选任官吏制度，又是一大壮举。通过科举制，既在一定程度上提升了官员的文化素质，亦有效遏制了任人唯亲、贤恶不分、贪污腐败的选人用人之风。但这些制度因操作不当也产生了一定的负面效应，不容小觑。

随着国家意识的形成，先秦时期的理论焦点是"德治"与

---

① 班固.汉书：全十二册[M].北京：中华书局，1962：167.

② 朱光明，高学栋，赵玉霞，等.关于吏治的历史与现实的思考[J].山东行政学院山东省经济管理干部学院学报，2009(5)：35-38.

"法治"的对立与整合，儒家"举贤任能"的德治思想与法家"重军论功"的法治思想成为先秦吏治思想争辩的核心。从而在任用官吏层面上，德治与法治的冲突成为核心。儒家重德，法家重刑。道家重"无为而治"，儒家用官之道在于德，推崇以道德治国，认为官吏仁德、贤能与否是决定国家治理成功与否的重要因素，因为贤人以贤德自律，治国是依其远见与德治上行下效，制定合理合法的政策，这种以贤、德、才作为价值导向，学而优则仕者，可以作为民众的表率，"修己以安人""修己以安百姓"，从而有利于保护社会的整体利益，及促进社会的发展与稳定。法家则认为，治国只能靠法律，个人德行主观任意，只有严明的法纪才会使官吏依法办事，认为"吏者，民之本，纲也"[1]，韩非子主张"明主治吏不治民"，并提倡以法"治吏""困奸臣"，"法明，则忠臣劝，罚必，则邪臣止"[2]，以求通过"刑治"达到"吏治"的效果，还指出"犯法为逆以成大奸者，未尝不从尊贵之臣"[3]。

　　庄子思想早在两汉时期就已经得到关注并广泛传播，从《天下》篇中，足以看到道家对汉人的影响，"天下多得一察焉以自好"[4]。"天下一致而百虑，同归殊途。夫阴阳、儒、墨、名、法、道德，此务为治者也，直所从言之异路，有省不省耳！"[5]与庄子所言极其相似。司马谈在《论六家要旨》中对于"六家"的论述，除道家以外，司马谈皆既言其长，又指其弊，包括刘向、刘歆父子皆有着与庄子相似的对待诸家的态度。据俞正燮《癸巳存稿》卷十二考证，淮南王刘安及其门客，最早传播了庄子之学。先秦两汉是庄学的初创时期，主要是对《庄子》进行整理与解说。前

---

① 高华平，王齐洲，张三夕.韩非子[M].北京：中华书局，2010：518.
② 高华平，王齐洲，张三夕.韩非子[M].北京：中华书局，2010：175.
③ 高华平，王齐洲，张三夕.韩非子[M].北京：中华书局，2010：163.
④ 陈鼓应.庄子今注今译：全三册[M].北京：中华书局，1983：909.
⑤ 司马迁.史记：全十册[M].北京：中华书局，1959：3288-3289.

面已经提到的《淮南子》的作者刘安及其门客就整理过《庄子》，并撰写了《庄子后解》《庄子略要》等解说《庄子》的文章，还有刘向所写的完整书录中有三篇皆论及了庄子。

可见治吏在治国中的重要地位，治理效果将直接影响整个社会民众的心态。不断的实践和探索，形成了以儒家重德、法家重刑、道家重无为这种交相辉映的吏治观，在我国吏治进程中对官吏体制的发展产生了重大影响。

在秦汉时期，庄学对社会环境产生了一定的影响，秦汉时期的新道家，在以"道"为主体的理论观念系统中，融合、吸收了老子、庄子道家所否定的"礼"和"法"的思想。战国后期的黄老之学其中的《心术》《内业》《枢言》等篇与庄子的思想是基本相通的。认为"道"是天地万物的根源，"凡道，无根无茎，无叶无荣，万物以生，万物以成，命之曰道"①。"道在天地之间也，其大无外，其小无内，故曰：'不远而难极也'，虚之与人也无间。"②道位于天地之间，"不远而难极也"，可以说无限大又无限小。"与人并处而难得"，唯有圣人能做到虚，虚与人之间没有空间，人们只需专一心意、清除欲念，心意则会疏通，心意疏通则会达到虚静之境，虚静就可以做到专一，只有做到心意专一才可以独立于万物之上，做到独立才可以明察一切，做到明察一切才可以到达神之境界。因此，常说"不洁则神不处"。人们认识的主体是心，所认识的对象则是外界事物，正所谓"人皆欲知而莫索之"，不把心修养好，就无法认识外界事物，使心处于虚静的状态才是修养心的最好办法。

"圣人与时变而不化，从物而不移，能正能静，然后能定，定

---

① 戴望.管子校正[M].上海:上海书店,1986:269.
② 戴望.管子校正[M].上海:上海书店,1986:220.

心在中，耳目聪明。"①管子主张清静无为的心性修养方法。可见，早期黄老之学在《庄子》中汲取了一定的思想素材。另外，刘安也是崇尚道家思想的，他在《淮南子》中所体现的思想倾向也是以道家思想为主体。

《大宗师》可谓庄子的"内圣"之学，强调个人修养，虚己顺物，成就个人发展，摆脱外物的束缚，关注人的自然本性以求彻底解放，从而达到"天人合一"的境界。《应帝王》则凸显其"外王"之道，强调统治者处理民众之事以及社会群体事务，需要有一套可以遵循的法则并且施之有效。"历山之农者侵畔，舜往耕焉，期年，甽亩正。河滨之渔者争坻，舜往渔焉，期年而让长。东夷之陶者器苦窳，舜往陶焉，期年而器牢。"②他指出像舜这样的圣贤如此辛苦尽力，一年也只能纠正一个弊端，舜再圣贤，寿命也是有限的，而天下的纷争与弊端是无尽的。在庄子看来，"内圣""外王"虽然有不同的功用，但是从本质上说二者是相通的。

① 戴望.管子校正[M].上海：上海书店，1986：270.
② 高华平，王齐洲，张三夕.韩非子[M].北京：中华书局，2010：530.

第二节 "吏治观"的发展
——以汉代为始

在秦朝吏治制度的基础上，汉代侧重各种立法手段，进一步加强对官吏的管理，对涉及官吏的各方面的犯罪做出了明确规定，参见叔孙通制定的《傍章》，加强了中央集权的官秩仪礼制，并逐渐渗入官吏的日常生活中。庄子认为，"治"是统治者束缚人民自由，实现其私欲的工具、绳索。因此，他主张"顺物自然"，不去强制老百姓，强调"无为而治"。然而，随着历史的发展，国家需要加强管理，因此，"无为而治"得以延伸，以举孝廉的方式推选仁德之人治理。汉武帝严防官吏与诸侯勾结并对共谋不轨加以严惩，加强了立法，制定了《左官律》，强调了专制主义的中央集权；为了限制诸侯个人势力的恶性扩张，制定了《附益律》和《沈命法》，对危害社会、危及封建统治秩序的犯罪严刑镇压。

庄子《应帝王》中关于如何治理天下的表述："天根游于殷阳，至蓼水之上，适遭无名人而问焉，曰：'请问为天下。'无名人曰：'去！汝鄙人也，何问之不豫也！予方将与造物者为人，厌则又乘夫莽眇之鸟，以出六极之外，而游无何有之乡，以处圹埌之野。汝又何帛以治天下感予之心为？'又复问。无名人曰：'汝游心于淡，合气于漠，顺物自然而无容私焉，而天下治矣。'

阳子居见老聃，曰：'有人于此，向疾强梁，物彻疏明，学道不倦，如是者，可比明王乎？'老聃曰：'是于圣人也，胥易技系，劳形怵心者也。且也虎豹之文来田，猨狙之便来藉。如是者，可比明王乎？'阳子居蹴然曰：'敢问明王之治。'老聃曰：'明王之治，功盖天下而似不自己，化贷万物而民弗恃；有莫举名，使物自喜；立乎不测，而游于无有者也。'"①圣哲之王治天下，功绩盖世却又像无所作为，教化施及万事万物，使万事万物各有所属，各有所归，百姓却不觉得有所羁绊，实为功德无量，由此可见，治国之道应保持本性的心境、顺应事物的自然而无偏私，天下才能得到有效的治理。

随后，从中央到地方由丞相和御史府负责层层考核，在丞相府主管下"课其殿最，奏行赏罚"②，使得"考绩功课，简在两府"③。为了严格考课制度，还制定了《功令》《考功课吏法》《上计律》等，严格了考核律令，以至于汉后期"天下岁尽集课事"。考核与监察相结合，逐渐加强了中央对地方的管制与监察，并将察举制首科"孝廉"作为选官的准则之一，要求选贤"苟得其人，不患贫贱；苟得其材，不嫌名迹"④，重视德、才并举，采取忠、孝、廉、德并举的选官制度。

一、汉代官吏励忠机制的整合及其效应

"民生之安危，由于吏治之清浊"，因此，"如何选官""如何管官"是我国古代吏治的两大主题，集中体现在官吏的选任、考核、监察三大制度上，其中，举荐制是一大历史进步，有利于激励官吏的进取精神，而科举制取代荐举制成为主要的选官制度，

---

① 陈鼓应.庄子今注今译:全三册[M].北京:中华书局,1983:235-238.
② 班固.汉书:全十二册[M].北京:中华书局,1962:3147.
③ 班固.汉书:全十二册[M].北京:中华书局,1962:3391.
④ 王符.潜夫论笺[M].北京:中华书局,1979:91.

在一定程度上提升了官员的思想道德素养和文化素质，亦有力遏制了在选人用人上的任人唯亲、贪污腐败之风。受道家思想的影响，汉代将礼义道德教化置于治国的重要地位，从而在官吏的选任上对道德素养提出了更高的要求，官吏既要具备一定的社会道德和基本的职业道德，又应在权力运行的过程中养成官德，亦即权力道德。为安定社会，巩固政权，两汉把官吏励忠机制作为社会调控的重要手段之一，在察举制中设立"援忠入制"的标准，将德才兼备之人作为官吏选拔的主要目标。励忠与惩罚相辅相成，从而在全社会范围内建立起一套较为完备的励忠机制，产生了一定的社会效应，其历史影响颇为深远。

"治民先治吏"是历代封建王朝总结出的政治经验。所谓"治吏"，关键在于考核严明、赏罚公正。随着中央集权制的建立和加强，汉代统治阶级为了巩固政权以及构建社会伦理新秩序的需要，在选任官吏上，按照德、才、能的顺序，尤其重视忠伦理的励忠机制，从而逐步整合出一套以励忠机制为核心的官吏治理制度。

所谓"励忠机制"，主要是指以忠伦理为导向激励忠臣，同时以此为参照，按照设定的程序与准则惩罚不忠之臣，从而引导全体社会成员的行为方式和价值观念趋于统一的一种社会制度。在该制度中，励忠与惩罚相辅相成，成为一种积极的社会调控手段，从而达到使官吏和百姓以毕生精力为朝廷效力的社会效应。

（一）励忠与惩罚相辅相成

天下大治的景象，主要是指社会稳定，人民生活和谐安定、富足幸福，这就是理想社会。然而如何实现这一理想的景象，各家持有不同的做法与主张，儒家强调以礼治国，要求以礼规范人们的日常行为，关注"君君臣臣父父子子"的等级秩序，"非礼勿视，非礼勿听，非礼勿言，非礼勿动"；法家则主张制定条例、法律来约束人的行为以实现良好的"以法治国"，以暴虐的手段压制人的自由，以严酷的刑罚来惩罚犯人；庄子的主张则与他们完全不同。庄子主张顺应人的自然之性，期待没有人压迫人、没有人残害人、没有人剥削人，所谓"治"，在庄子看来，无非就是以制度、礼法来压制、管束人，以道德教义来教化、约束人。

汉代官吏的迁降赏罚，在通常情况下，视考核结果而定。基于受私人亲疏爱憎等主观因素的影响，皇帝或主官之外的迁降赏罚，按照常规，均应以考核结果而定。

1.迁、赏机制

"迁"有"平迁"与"超迁"两种情况。所谓"平迁"，即以积功久次（即资历、功劳）循序而升；所谓"超迁"，即有奇才异能或特殊功绩者可破格而进。这两种情况都是"励忠机制"的体现。

平迁之例："（石）奋积功劳，孝文时官至太中大夫。"①西汉大臣石奋以"恭谨"著称，并形成家风，以此教子。司马迁认为，石奋虽不善言谈，但敏于行事，是行为忠厚的君子。敬业、谦恭、勤勉正是"忠"的表现，因此，能得以平迁正是当时重视"励忠机制"的充分体现；"（赵）禹以刀笔吏积劳，迁为御史。"②西汉廉臣赵禹为人廉洁清高，入职以来，总是以法为准，从不疏通官署私瞒罪行。其为官期间虽有一些暴戾行为，然而因其清廉劳苦之功被迁为御史也是汉代励忠机制的体现。

超迁之例："（薛）宣为少府月余，遂超御史大夫，至丞相。"③"宣帝立，大将军光领尚书事，条奏群臣谏昌邑王者皆超迁。定国繇是（御史中承）为光禄大夫，平尚书事。"④"哀帝即

① 班固.汉书:全十二册[M].北京:中华书局,1962:2193.
② 班固.汉书:全十二册[M].北京:中华书局,1962:3651.
③ 班固.汉书:全十二册[M].北京:中华书局,1962:3067.
④ 班固.汉书:全十二册[M].北京:中华书局,1962:3042.

位，以博名臣，召见，起家复为光禄大夫，迁为京兆尹，数月超为大司空。"①以上诸例说明，只要臣子所具卓越才识能为王朝效力，就有"超迁"的可能，而不致使人才埋没。需指出的是，西汉对超迁颇有限制，因为统治者清晰地意识到，"超迁"这一"励忠"机制如果使用不当，其流弊也很大。所以，对超迁名额加以限制，以防官吏升迁不遵常轨，导致吏治败坏。

忠于朝廷者，除了得到升迁，还会得到各种嘉赏。如有赐爵、赐赠、增秩、赐金、赐奴婢、赐田宅、安车驷马之类。还有赐"带剑履上殿，入朝不趋"②"奏事不名，入殿不趋"③等与尊号"祭酒"、玺书褒勉之类，则为礼遇上的优宠。破例对忠于朝廷者给予行为上的特殊许可，目的依然是笼络忠臣，激励其为朝廷积极效忠。

2. 降、罚机制

汉代官吏除因重罪犯法而被罢官削爵或处以死刑外，凡犯有小过而不宜重处者，一般仍留任但要降职罚俸。如："（黄霸）守京兆尹，秩二千石。坐发民治驰道不先以闻，又发骑士诣北军马不适士，劾乏军兴，连贬秩。有诏归颍川太守官，以八百石居治如其前。"④"（平当）迁丞相司直，坐法，左迁朔方刺史。"⑤"（任延）坐擅诛羌不先上，左转召陵令。"⑥

汉代犯有罪过者，自三公九卿以下至郡县小吏，均得以律科罚，其科罚之律，如汉法除谋反之外，于贪污罪最重。如："济阴太守胡广等十余人，皆坐谬举免黜。"⑦"梁国、平原郡比年伤水

---

① 班固. 汉书：全十二册[M]. 北京：中华书局，1962：3404.
② 司马迁. 史记：全十册[M]. 北京：中华书局，1959：2016.
③ 班固. 汉书：全十二册[M]. 北京：中华书局，1962：4061.
④ 班固. 汉书：全十二册[M]. 北京：中华书局，1962：3631.
⑤ 班固. 汉书：全十二册[M]. 北京：中华书局，1962：3050.
⑥ 范晔. 后汉书：全十二册[M]. 北京：中华书局，1965：2463.
⑦ 范晔. 后汉书：全十二册[M]. 北京：中华书局，1965：2020.

灾，人相食，刺史守相坐免。"①

　　汉代统治阶级进行奖惩的根本目的是为了巩固其封建统治，通过定奖惩、察贤佞等措施有效地促进了对官员的约束、督促和激励。对于成绩较差的官吏，处罚较为严厉，轻则鞭杖、申诫、罚金等；重则降秩、降职、罢官、判刑甚至抄家、处死以至于株连家族。综上所述，汉代的官吏治理制度，相对保证了地方吏治的清明，促使了许多清官廉吏的出现。如，东汉时两位深受百姓爱戴的太守——召信臣和杜诗，甚至流传有"前有召父，后有杜母"之说，成为历代封建官吏倡议学习的典范。

　　科罚之刑，有多种刑名，如自杖、笞、族诛、弃市等，以视罪情轻重而定。至于赏罚的意义，思想家把它看作"治乱之枢机"，这无疑是对励忠与赏罚相结合机制的认可。

　　赏其所当赏、罚其所当罚的事例，在两汉盛世是常见的，然而，赏不当赏、罚不当罚的现象也时有发生，因此有了东汉末期王符的慨叹："今则不然，有功不赏，无德不削，甚非劝善惩恶，诱进忠贤，移风易俗之法术也。"②

　　由上可见，尊圣德，重国相，赏罚分明的励忠机制在汉代的治国方略中占有重要地位，但在具体执行过程中，也难免出现某些偏失。

　　"尝试论之，世俗之所谓至知者，有不为大盗积者乎？所谓至圣者，有不为大盗守者乎？何以知其然邪？昔者龙逢斩，比干剖，苌弘胣，子胥靡。故四子之贤而身不免乎戮。故跖之徒问于跖曰：'盗亦有道乎？'跖曰：'何适而无有道邪！夫妄意室中之藏，圣也；入先，勇也；出后，义也；知可否，知也；分均，仁也。五者不备而能成大盗者，天下未之有也。'由是观之，善人不得圣人

---

　　① 班固.汉书：全十二册[M].北京：中华书局，1962：1142.

　　② 王符.潜夫论笺[M].北京：中华书局，1979：205.

之道不立，跖不得圣人之道不行；天下之善人少而不善人多，则圣人之利天下也少而害天下也多。故曰：'唇竭则齿寒，鲁酒薄而邯郸围，圣人生而大盗起。掊击圣人，纵舍盗贼，而天下始治矣！'夫川竭而谷虚，丘夷而渊实。圣人已死，则大盗不起，天下平而无故矣。圣人不死，大盗不止。虽重圣人而治天下，则是重利盗跖也。为之斗斛以量之，则并与斗斛而窃之；为之权衡以称之，则并与权衡而窃之；为之符玺而信之，则并与符玺而窃之；为之仁义以矫之，则并与仁义而窃之。何以知其然邪？彼窃钩者诛，窃国者为诸侯；诸侯之门而仁义存焉，则是非窃仁义圣知邪？故逐于大盗，揭诸侯、窃仁义并斗斛权衡符玺之利者，虽有轩冕之赏弗能劝，斧钺之威弗能禁。此重利盗跖而使不可禁者，是乃圣人之过也。故曰：'鱼不可脱于渊，国之利器不可以示人。'彼圣人者，天下之利器也，非所以明天下也。

故绝圣弃知，大盗乃止；擿玉毁珠，小盗不起；焚符破玺，而民朴鄙；掊斗折衡，而民不争；殚残天下之圣法，而民始可与论议。擢乱六律，铄绝竽瑟，塞师旷之耳，而天下始人含其聪矣；灭文章，散五采，胶离朱之目，而天下始人含其明矣；毁绝钩绳而弃规矩，攦工倕之指，而天下始人有其巧矣。削曾史之行，钳杨墨之口，攘弃仁义，而天下之德始玄同矣。

彼人含其明，则天下不铄矣；人含其聪，则天下不累矣；人含其知，则天下不惑矣；人含其德，则天下不僻矣。彼曾、史、杨、墨、师旷、工倕、离朱，皆外立其德而以爚乱天下者也，法之所无用也。"①

由是观之，盗跖若不通晓圣人之道，便无法行窃；善人若不通晓圣人之道，便不能立业，有利于盗跖而无法使他们禁止的情况，都属于圣人的过失。因此，所谓的圣人，就是治理天下的利

---

① 陈鼓应.庄子今注今译：全三册[M].北京：中华书局，1983：277-284.

器，不可以用来明示天下。

（二）励忠机制的整合

在汉代，"忠"作为一种发自内心的敬爱之情，落实到政治层面，就是人臣竭心尽力，忠君敬上。官吏的励忠机制在先秦既已创制，汉代则对官吏励忠机制进行了循序渐进的整合。汉初的统治者刘邦已初步意识到了官吏励忠机制的重要性，并特别重视对为国捐躯者家属及其后人的封赏。如："周苛子周成以父死事，封为高景侯"①"奋击南越战死，武帝封子延年为侯"②。刘邦在意识到官吏品行重要性的基础上，其用人政策开始有意识地向重忠倾斜。曾有楚将季布，追随项羽后，多次困辱刘邦。项羽战败后，刘邦曾欲泄一己之私愤悬赏千金缉拿季布，待成功抓获后，则受人启发逐渐明白了"臣各为其主所用，只是尽职尽责而已"的道理，于是不但释放了季布，还将其拜为郎中。相较之下，同为项羽臣的丁公（季布之舅父），曾在刘邦于彭城之战中沦为俘虏时，偷偷放走了刘邦。待项羽败亡后，丁公以此私恩求赏于刘邦，刘邦不但不念其恩，反将其捆绑，游行于军营示众，并昭告天下："丁公为项王臣不忠，使项王失天下者也……使后为人臣毋效丁公也！"然后将丁公斩首。

刘邦此举既表明了对忠主之士的赞赏，也昭示了对不忠之臣的惩戒。司马光对此认为，刘邦此举的目的就是使天下人明白为臣之道。之后，"忠君"亦成为汉代最高的政治道德准则和官吏最重要的职责，也成为官吏奖励最重要的依据。

汉武帝刘彻崇尚孔子"主忠信""臣事君以忠"的理念，于是以忠得进、以忠被褒，使"忠无不报"渐成风气。

---

① 司马迁.史记:全十册[M].北京:中华书局,1959:2677.
② 班固.汉书:全十二册[M].北京:中华书局,1962:2454.

汉宣帝刘询着力整顿吏治，强化皇权；励精图治，任用贤能；奖励勤职，重用忠臣；吏称其职，民安其业，使汉代官吏的励忠机制开始趋于规范化。

汉光武帝刘秀作为东汉的开国皇帝，在认真总结王莽篡汉教训的基础上，进一步意识到官吏励忠机制的重要性。于是，刘秀加大了励忠的力度，特别褒奖两汉之际不仕二姓忠于汉王朝者，以励忠节。

追随刘秀左右转战的开国忠臣无不得到褒扬。王常"率下江诸将辅翼汉室，心如金石，真忠臣也"①，被封为"汉忠将军"。来歙出征西川阵亡后，刘秀赐策："中郎将来歙，攻战连年，平定羌、陇，忧国忘家，忠孝彰著。"②封谥号为节侯。刘秀逐渐树立起保持忠节、贵在坚持的以耿耿忠心为主的效忠风气。同时，他敏感地察觉到了道家"贵生"思想在当时社会流行的危害性，"贵生"思想的流行足以使人臣为苟活而变节。

刘秀试图在实践中解决这一问题，开始大力褒奖忠臣，提倡气节，他访求卓茂，拜为太傅（东汉官制，太傅为最高职位）。汉光武建武元年特下诏书："前密令卓茂，束身自修，执节淳固，诚能为人所不能为。夫名冠天下，当受天下重赏，故武王诛纣，封比干之墓，表商容之间。今以茂为太傅，封褒德侯。"③祭遵死后，刘秀诏百官"素服临之，望哭哀恸。还幸城门，过其车骑，涕泣不能已"④。因为祭遵生前为人，廉约小心，克己奉公，在后来的朝会上，刘秀常常慨叹："安得忧国奉公如祭征虏者乎!"⑤刘秀甚至对忠于王莽的益州太守文齐，因其固守拒险，不降公孙述，而

① 范晔.后汉书:全十二册[M].北京:中华书局,1965:581.
② 范晔.后汉书:全十二册[M].北京:中华书局,1965:589.
③ 范晔.后汉书:全十二册[M].北京:中华书局,1965:871.
④ 范晔.后汉书:全十二册[M].北京:中华书局,1965:741.
⑤ 司马光.资治通鉴:全十二册[M].北京:中华书局,1956:1361.

封为"成义侯";然而对杀其主而献城归降的苍头子密则封为"不义侯",这与刘邦"释放季布,斩首丁公"实为英雄所见。

东汉还大力褒扬忠于上级之官吏,加强了对廉洁之吏的褒扬和激励,忠、廉突出之官吏大多得到褒扬、激励。此后奖励忠臣廉吏的诏书不断,从而使励忠的范围不断扩大,也使得励忠机制趋于系统化。

汉章帝刘炟还将儒家的"气节"观融入法家的"忠臣"观,集大夫、博士、郎官及诸生、诸儒等会于白虎观,讲议五经异同。流传下来的《白虎通义》明确了"三纲六纪":"三纲者,何谓也?谓君臣、父子、夫妇也。六纪者,谓诸父、兄弟、族人、诸舅、师长、朋友也。故《含文嘉》曰:'君为臣纲,父为子纲,夫为妻纲。'又曰:'敬诸父兄,六纪道行,诸舅有义,族人有序,昆弟有亲,师长有尊,朋友有旧。何谓纲纪?纲者,张也。纪者,理也。大者为纲,小者为纪。所以张理上下,整齐人道也。……三纲法天地人,六纪法六合。君臣法天,取象日月屈信,归功天也。'"①

《白虎通义》还将"谏诤"纳入"忠""义"的范畴,同时,又引用了法家的"谏而不露",强调忠臣应维护君主的绝对权威:"臣所以有谏君之义何?尽忠纳诚也。……孔子曰:谏有五,吾从讽之谏。事君,进思尽忠,退思补过,去而不讪,谏而不露。"②由于《白虎通义》高度推崇教化的作用,将教化视为革除不良的社会习俗,从而达到补败纠偏的作用:"教者,所以追补败政,靡弊溷浊,谓之治也。"③

汉代励忠机制是一个逐渐整合的过程,从以着重利益、功利

---

① 陈立.白虎通疏证:全二册[M].北京:中华书局,1994:373-375.
② 陈立.白虎通疏证:全二册[M].北京:中华书局,1994:226-236.
③ 陈立.白虎通疏证:全二册[M].北京:中华书局,1994:370.

性激励为主，发展为辅以重视名誉，给予荣誉激励或精神激励，手段渐趋于多样化：从升迁、增食邑、赐田宅、封子候、赐钱等，到诏书褒扬、表彰门闾或钦赐仪仗等，形式逐渐丰富多彩。这种以多种形式激励褒奖忠君尽职之臣的举措，最终形成了一套较为完备的官吏励忠机制。

《庄子·内篇·应帝王》中描绘了一位理想的治国者形象，庄子借用寓言道出儒家理想与道家理想之间的差异："啮缺问于王倪，四问而四不知。啮缺因跃而大喜，行以告蒲衣子。蒲衣子曰：'而乃今知之乎？有虞氏不及泰氏。有虞氏，其犹藏仁以要人；亦得人矣，而未始出于非人。泰氏，其卧徐徐，其觉于于。一以己为马，一以己为牛。其知情信，其德甚真，而未始入于非人。'

肩吾见狂接舆。狂接舆曰：'日中始何以语女？'肩吾曰：'告我君人者以己出经式义度，人孰敢不听而化诸！'狂接舆曰：'是欺德也。其于治天下也，犹涉海凿河，而使蚊负山也。夫圣人之治也，治外乎？正而后行，确乎能其事者而已矣。且鸟高飞以避矰弋之害，鼷鼠深穴乎神丘之下，以避熏凿之患，而曾二虫之无如？'

天根游于殷阳，至蓼水之上，适遭无名人而问焉，曰：'请问为天下。'无名人曰：'去！汝鄙人也，何问之不豫也！予方将与造物者为人厌，则又乘夫莽眇之鸟，以出六极之外，而游无何有之乡，以处圹埌之野。汝又何帛以治天下感予之心为？'又复问，无名人曰：'汝游心于淡，合气于漠，顺物自然而无容私焉，而天下治矣。'

阳子居见老聃曰：'有人于此，向疾强梁，物彻疏明，学道不勧，如是者，可比明王乎？'老聃曰：'是于圣人也，胥易技系，劳形怵心者也。且也虎豹之文来田，猨狙之便来藉。如是者，可比明王乎？'阳子居蹴然曰：'敢问明王之治。'老聃曰：'明王之治：功盖天下而似不自己，化贷万物而民弗恃；有莫举名，使物自喜；立乎不测，而游于无有者也。'"①

庄子以生动的比喻解释强调了罔顾民意的强制性的方式是不为人们所接受的，而明王之治则是虚己任物，使万物各顺其性，各得其所。

（三）励忠机制的社会效应

汉代官吏励忠机制的目的，在于将忠伦理深深植于官吏的思想中，力求培育忠德、奖励良善、嘉奖忠廉，以激励官吏以节义相高，以忠廉自励，将忠良之士晓谕天下，让天下效法。

1.政治效应

汉代尤其是东汉官吏的"忠君观念"在励忠机制不断完善的过程中得以强化，即使处在混乱局势中，亦能尊奉皇上的无上权威，同时，大量留垂青史的忠臣不断涌现，其积极的政治效应十分明显。

司马光在一篇史论中曾如是说："及孝和以降，贵戚擅权，嬖幸用事，赏罚无章，贿赂公行，贤愚混淆，是非颠倒，可谓乱矣。然犹绵绵不至于亡者，上则有公卿、大夫袁安、杨震、李固、杜乔、陈蕃、李膺之徒面引廷争，用公义以扶其危，下则有布衣之士符融、郭泰、范滂、许劭之流，立私论以救其败，是以政治虽浊而风俗不衰，至有触冒斧钺，僵仆于前，而忠义奋发，继起于后，随踵就戮，视死如归。夫岂特数子之贤哉？亦光武、明、章之遗化也。……以魏武之暴戾强伉，加有大功于天下，其蓄无君之心久矣，乃至没身不敢废汉而自立，岂其志之不欲哉？犹畏名义而自抑也。"②使之长期"倾而未颠，决而未溃"，意即两汉统治

---

① 陈鼓应.庄子今注今译：全三册[M].北京：中华书局,1983:231-238.

② 司马光.资治通鉴：全十二册[M].北京：中华书局,1956:2173-2174.

历史长达 400 多年，得益于汉代官吏励忠机制对于皇权的稳固作用。

汉光武帝刘秀为了维护统治，大力奖励名节，使得社会在一定程度上形成了看重名节、然诺不欺、徇人刻己的风尚，即便在东汉末年，政治一片混乱黑暗，外戚、宦官当权扰乱朝纲的黑暗环境下，士大夫大多依然能发挥崇尚名节的作风，不畏强权，依仁蹈义，为社会政治风气的整肃起到了积极的推动作用。

汉代官吏励忠机制，通过"封侯加官"激励臣下建功立业，王霸"晓兵爱士，可独任"，先后被封为关内侯、王乡侯、富波侯、向侯和淮陵侯，通过"赐爵、赏物"激励官吏"勤政爱民"。汉宣帝时，"二千石有治理效，辄以玺书勉励，增秩赐金，或爵至关内侯，公卿缺则选诸所表以次用之。是故汉世良吏，于是为盛，称中兴焉"①，通过树立榜样，"礼遇优待"辅佐之臣，梁翼被桓帝特赐"入朝不趋，剑履上殿，谒赞不名，礼仪比萧何"②；另有光武诏书"伯夷、叔齐不食周粟，太原周党不受朕禄，亦各有志焉。其赐帛四十匹"③，表彰隐士，激励士人崇尚名节。

汉代灵活多样的激励手段，使"三公竞思其职，而百僚争竭其忠矣"④，有力地调动了士人为学和入仕的积极性，培养了官吏良好的职业道德，形成了良好的士气，使士人在关键时刻能够不顾个人安危、扶危定倾、忘身殉国，从而使得汉王朝即使在外戚宦官擅权、皇权衰微之险恶环境中亦能"倾而未颠，决而未溃"。

2.文化效应

汉代推行的官吏励忠机制以儒家伦理思想为基础，其激励形式与手段也自然依据儒家的伦理标准。"其服儒衣，称先王，游庠

① 班固.汉书:全十二册[M].北京:中华书局,1962:3624.
② 范晔.后汉书:全十二册[M].北京:中华书局,1965:1183.
③ 范晔.后汉书:全十二册[M].北京:中华书局,1965:2762.
④ 王符.潜夫论笺[M].北京:中华书局,1979:200.

序，聚横塾者，盖布之于邦域矣。……所谈者仁义，所传者圣法也。故人识君臣父子之纲，家知违邪归正之路。"①使儒家文化家喻户晓，深入人心，根深蒂固。儒家思想在引领汉代社会风尚的同时，使得崇尚名节、谦让之风成为"教化行而风俗美"的时代气象。

汉代在推行官吏励忠机制的同时，还不忘通过表彰官吏的有德之妻，引领妇女及其子嗣崇尚名节。如李穆姜为其曾任安众令的已故丈夫程文矩前妻所生四子"憎毁日积，而穆姜慈爱温仁，抚字益隆，衣食资供皆兼倍所生"。对此，郡守上书"表异其母，蠲除家徭"。②自此，李穆姜的教育引导愈加贤明，四个儿子后来都成了善良之士。这种宣传教化的结果，将儒家文化中的"忠孝""忠贞""慈爱"相互融通，从而激发了官吏励忠机制的忠孝文化效应。

总之，汉代官吏励忠机制的内容和形式虽经不断变迁，但其过程和成效值得我们认真学习，以资为鉴。这种机制不仅对汉代当时的社会进程产生了积极的政治效应和文化效应，而且对后世乃至今天的社会仍有其历史价值和现实意义。

需要指出的是，汉代官吏励忠机制虽然在汉代乃至后来的封建社会中发挥了重要作用，但其局限性也是显而易见的。因为各种制度即便再完善，其作用的发挥都是有条件的，其作用一旦受到政治的制约，就会出现两种结果：政治清明之时，良好的道德风尚的形成将会促进社会的发展；政治腐败之际，良好的道德风尚就会受到抑制，致使国家衰亡之势日趋凸显，最终导致风化不淳、皇权腐败和社会政治的黑暗。由此可见，要想最大限度地发挥制度的作用，必须将其与社会现实联系起来，使其内容和形式

---

① 范晔.后汉书:全十二册[M].北京:中华书局,1965:2588-2589.
② 范晔.后汉书:全十二册[M].北京:中华书局,1965:2793-2794.

符合发展了的时代精神，与时俱进地惩治腐败，稳定民心，才能使政治清明、家国昌盛。

总之，道家的"外王"之道与主张"顺物自然而无容私"的观点在汉代得以引申运用，取其精华，用心若镜，尽可能地应自然、顺民心，反对用礼法限制人的自然之性。

二、魏晋玄学的兴起

魏晋玄学的兴起成为道家思想发展史上的又一次高峰。老庄思想由于玄学的兴起再度风行一时，庄学也因此再次得以更广泛的传播与发展，产生了玄学的"援道入儒"。

西汉中期后，道家及其他诸家学说受到压制，统治阶级独尊儒术，儒家思想取得了独尊地位。至东汉末年，儒家思想受到冲击，虽然地位不如以前，但儒家名教纲常是统治阶级所需。在当时的条件下，想要维护封建统治，发展老庄思想为此提供了最大的可能性，由于老庄思想自由活泼，加上道家提出的"天道无为"思想与"谶纬之术"等虚妄之说针锋相对，对维护统治阶级来说，以道家思想为主干的玄学应运而生。

魏晋时期，战乱频繁，严重影响了正常的考课，北魏苏绰的《六条诏书》以"治身心、敦教化、尽地利、擢贤良、恤狱讼、均赋役"，对官吏进行多方面考核。隋朝虽实现统一，但社会依旧难以安定，战争依旧频繁，动荡不安的秩序使得考核受到严重影响，建树无几。

以辨析名理为主的玄学，其主要内容包括"才性"之论、"有无"之辩、"自然与名教"所争等。玄学者采用"援道入儒"的方式，在名理之辩的过程中，渐渐阐发了老庄思想。

如何晏与王弼之辩，关于"圣人有无喜怒哀乐之情"，何晏注释《论语·雍也》中的"不迁怒，不贰过"时强调："凡人任情，喜怒违理，颜回任道，怒不过分。迁者，移也。怒当其理，不移易也。"[①]何晏所强调的是圣人要控制情感，要以情从理，不为物累。

魏晋南北朝时期，由于玄学的兴起及其影响，佛学得到了发展。其中，庄学对佛教、道教的影响与渗透甚广，道家思想尤其是庄子思想对佛教在中国的发展产生了不可估量的影响。自两汉之际佛教传入中国后，最先依附于道术生成"佛道"，随后南北朝时期，又依托玄学生成"佛玄"，并逐渐发展为中国传统思想中的宗教观念体系之一。当时正值神仙方术与黄老之学盛行，佛教不得不依附于黄老之术在中国扎根，生成佛道。如《四十二章经》中就有黄老之术的迹象。《庄子》中的某些概念也为佛教经典的翻译工作提供了重要的参照，如佛学中有关"空"的概念是佛学对世界最基本的体察，"空"在佛学中是指世界的本来面目。很显然，这是援引《庄子》中的"自然""本无"等概念来诠释的，同样认为世界的一切皆为"自然"或者"本无"，是指事物的本然状态。庄子提出："顺物自然而无容私焉。"[②]可以见得，庄子有关"自然""无有"等概念是直通佛学中有关"空"这一概念的。

魏晋南北朝时期，由于大批士族进入道教，促进了道教又一次的发展，从而影响了整个道教的阶级构成和文化结构，他们纷纷把道家思想宗教化，阐发教理，并不断著书立说，最后形成了新的道教理论，融道教与道家哲理为一体，随后进一步演变为官方宗教。其中，陆修静创立南天师道，作《道德经杂说》；葛洪著《抱朴子》，用道家之理诠释神仙之可学可行；陶弘景创制《真灵位业图》，融汇儒、道、释三家精髓，因此，随着道教的深入发

①　何晏.十三经注疏·论语注疏[M].北京:北京大学出版社,2000:78.
②　陈鼓应.庄子今注今译:全三册[M].北京:中华书局,1983:235.

展，老庄思想也随之得以更为广泛的发展与传播。

三、唐代庄学的鼎盛时期

唐代是历史上道家思想的第三个高潮期。唐朝统治者攀附前代圣贤，巩固自己的统治，把老子当作自己的先祖。唐高宗乾封元年，追尊老子为"太上玄元皇帝"，玄宗天宝二年再次追封老子为"大圣祖玄元皇帝"，罩上了层层光环，天宝八年又再次加封老子为"圣祖大道玄元皇帝"。这一次次加封，使老子戴上了一顶又一顶桂冠，随后，道家的另一位代表人物，庄子也跟着被封为"南华真人"。《老子·道德经》被尊为上经，唐高宗时《老子·道德经》被规定为各举子的必读之书，玄宗时，要求"崇玄学，置生徒，令习《老子》《庄子》《列子》《文子》，每年准明经例考试"[1]，可见，道家的地位明显提高，达到了鼎盛时期，庄学思想也有了新的表现。

不仅统治者重视庄子思想，一些改革家、思想家、政治家也致力于庄子思想的研究，力求借此发表自己的政治主张，从中寻找理论指导。唐太宗李世民汲取了秦、隋消亡的历史教训，重视老庄休养生息、轻徭薄赋、宽刑简法等政治决策，换来唐王朝经济繁荣、社会安定、政治清明的盛世景象，得到了人民的衷心拥护，其统治时期被誉为"贞观之治"。

唐初政治家魏征汲取老庄思想的精华，主张抑制物欲，恪守尚谦之道，强调居安思危，以德教化百姓，防微杜渐。中唐时期，"永贞革新"的中坚力量刘禹锡、柳宗元等人继承和发扬了庄子的"天道自然论"与"元气说"，强调天道自然，必然走向无神论，他们倡导无神论的目的在于表明"受命不于天，于其人"的政治

---

① 刘昫，等.旧唐书：全十六册[M].北京：中华书局，1975：213.

见解。认为"受命于天"即"受命于生人之意",强调励精图治,
需聆听百姓的呼声,为民造福。"君子之祥也,以政不以怪,诚乎
物而信乎道"①,表现了改革家求治务实、明道重人的思想要求,
强调积极发挥人的能动作用,当属于积极进取的精神状态。另外,
成玄英的《庄子疏》和陆德明的《庄子音义》在一定程度上对老
庄思想进行了深化与改造。其中"夫无待圣人,照机若镜,既明
权实之二智,故能大齐于万境"②,发展了庄子思想,也影响了统
治者居安思危、造福百姓、与自然和谐与共的伦理思想的形成与
发展。

　　经济的发展使得政治制度日益完善,进而考核制度也有了很
大进步。考核制度极富严密性和科学性,考核标准相对精确化,
官吏考评体制之完善程度,可谓中国古代之首。唐太宗对地方官
员的选任尤为重视,为使官吏"各当所任",所以极为重视"选贤
任能",他认为,"古人亦以官不得其才,比于画地作饼,不可食
也"③,"古人云,王者须为官择人,不可造次即用"④,并且规定
了举荐与考核的责任制:"凡贡举非其人者、废举者、校试不以实
者,皆有罚。"⑤对不慎重选官置官的现象都做了明确的法律规定。
唐代的繁荣昌盛与之敬重贤才、选贤任能的吏治制度是密切相关
的,这都是建立在对庄子思想的敬重基础之上的。

　　隋唐五代时期,庄子思想在渗透到政治领域的同时,也渗透
到了社会经济与文化领域中。以禅宗为例,禅宗最根本的理论观
点是认为"佛性"就是人的"本性",这是典型的庄子思想对禅宗
理论的渗透。在中国传统思想观念的影响下,禅宗的宗教理论就

　　① 柳宗元.柳宗元集:全四册[M].北京:中华书局,1979:742.
　　② 郭象,成玄英.南华真经注疏[M].北京:中华书局,1991:2.
　　③ 吴兢.贞观政要[M].上海:上海古籍出版社,1978:87.
　　④ 吴兢.贞观政要[M].上海:上海古籍出版社,1978:90.
　　⑤ 欧阳修,宋祁.新唐书:全二十册[M].北京:中华书局,1975:1162.

是对"自性"的诠释，用"自然"来诠释"自性"，"本性""佛性"等观念具有中国思想特色，摆脱了传统佛学观念的纠葛。在这里，禅宗的"本性""自性"即自然，指事物本然的存在状态，其间无任何人为的痕迹，"本心"是指本然的心境状态，强调人无任何意念。禅宗的"自然"观念，和庄子思想中的自然观念如出一辙，体现了中国传统思想范围内自然观念的一致性。"马，蹄可以践霜雪，毛可以御风寒，龁草饮水，翘足而陆，此马之真性也。"①庄子所谓的"真性"也正是事物的自然状态。可见，庄子思想对佛教理论家创建理论体系产生了重要影响。

四、宋元明清时期

从宋代开始，中国封建制度进入后期阶段，由于意识形态影响的长期性与延续性，庄子思想仍然得到延续和发展，并对社会生活及民族精神产生了深刻影响。在统治者的引领下，作为中国传统思想文化的重要组成部分，庄子思想开始渗入官方哲学——宋明理学。

宋元时期，一些开明君主在举贤任能之处也有建树，宋代继续重视对官吏的考核，考课制度主要有考课法和磨勘法，同时重视德行举荐，其标准继续沿用唐的"二十七最"和"四善"。

元代，官吏的升迁出职都由中央政府统一管理，标志着中国的吏治又向前推进了一步。但元代官吏的考课方法着重在位时间的长短，考核标准依据《五事三等考课升殿法》进行廉访与计月考量，甚至单凭任官时间的长短按资排辈、循资考绩。

宋明理学这一体系是儒、道、佛三家合一的产物，虽然儒家正统思想在封建统治中较长时间占主体地位，然而道家思想也占

---

① 陈鼓应.庄子今注今译:全三册[M].北京:中华书局,1983:267.

有相当重要的一部分。其中"道"作为道家思想中重要的概念，宋明理学把它作为最高范畴，然后，又引入了佛教的修养方法和儒家的人伦说教，以至于使封建社会的名教纲常上升到本体位置。宋明理学涉及的内容相当广泛，大都围绕着"性与天理（道）"这个内容展开研讨。正是这一基本的观念才可以清楚地看到宋明理学吸纳或消化庄学中有用因素的过程。

理学所谓"天理（道）"包括万物化生与宇宙构成两层内容。关于这两层内容，理学家持有两种观点，一种观点是以周敦颐为代表。周敦颐在《太极图说》中提出："无极而太极。太极动而生阳，动极而静，静而生阴，静极复动。一动一静，互为其根。分阴分阳，两仪立焉。阳变阴合，而生水、火、木、金、土，五气顺布，四时行焉。五行一阴阳也，阴阳一太极也，太极本无极也。五行之生，各一其性。无极之真，二五之精，妙合而凝。乾道成男，坤道成女，二气交感，化生万物。万物生生而变化无穷焉。"①另外一种观点是以张载为代表。张载在《正蒙·太和》中指出："太虚无形，气之本体，其聚其散，变化之客形尔。……气本之虚则湛无形，感而生则聚而有象。……造化所成，无一物相肖者，以是知万物虽多，其实一物，无无阴阳者，以是知天地变化，二端而已。"②

二者的区别在于：周敦颐的"太极"是强调宇宙起始的状态（"无极"），张载的"太虚"则是宇宙起始的一种实体（"气"）。在周敦颐的观点里，两种实体（阴阳二气）交感而成的万物是由"太极"生出的；张载则强调，万物是（二端）交互作用而成的，是"气"的对立状态。二者的观点虽有所区别，但是观念来源有其共性，都是受庄子"道通为一"思想的影响。庄

① 王晚霞.濂溪志：八种汇编[M].长沙：湖南大学出版社，2013：25.
② 张载.张载集[M].北京：中华书局，1978：7-10.

子强调，"道"是万物的共同根源、"道通为一""道未始有封""道无所不在"，世界的总体也同时存在于每个具体事物当中。其中，宋明理学的"太极"理论观念、"宇宙图景"也同样是从庄子"道"的观念中衍生出来的。如张载"太虚无形，气之本体，其聚其散，变化之客形尔……"[①]的宇宙图景很显然是根据《庄子》的"人之生气之聚也，聚则为生，散则为死……通天下一气耳"[②]观点衍生而来；再如张载，他甚至援引《庄子》来明确说明他的"太虚即虚"的性状。综上所述，不难看出，理学的基本思想观念是在吸纳或者消化了庄学中的某些要素后形成的，而后，诠释庄学的著作也逐渐增多起来，大批庄学研究者在宋元明清时期也越发多见，著作颇丰。如：林希逸的《南华真经口义》、罗勉道的《南华真经循本》、王先谦的《庄子集解》、郭庆藩辑《庄子集释》、章炳麟的《庄子解故》等。这些著作既从不同侧面反映了当时的社会政治生活和精神生活，也推动了庄学研究的不断深入和发展。

明末清初，在我国思想史上先后出现过两次启蒙思潮。启蒙思想家们竭力从传统思想文化中寻找有力的思想武器，同封建顽固派进行殊死争斗，其中，许多学者以解老注庄的形式，汲取或创新庄子思想，使之成为思想领域的斗争武器。

明清是吏治发展的重要时期，在道家思想的影响下，统治者制定并出台了一系列加强中央集权的吏治之法，明洪武三十年重刑治贪、重典治吏，特颁布《大明律》严禁官吏结党营私，有前科者永不续用，同时明确了"明主治吏不治民"的思想。

明初，朱元璋广招贤士，唯才是举，纳贤不分种族，"征天下贤才为守令""有能辅朕济民者，有司礼遇""朕设科举以求天下贤才，务得经明行修、文质相称之士，以资任用……观其文词若

---

① 张载.张载集[M].北京:中华书局,1978:7.
② 陈鼓应.庄子今注今译:全三册[M].北京:中华书局,1983:597.

可与有为，及试用之，能以所学措诸行事者甚寡。朕以实心求贤，而天下以虚文应朕，非朕责实求贤之意也"①，于是，又宣布"中外文臣皆由科举而选，非科举者毋得与官"。为防止宦官干政，内外官交结以及八旗诸王结党营私，在明律的基础上，清朝前后共制定五部会典，还明确对"奸党"的处罚做了扩充，五部会典首尾衔接，成为清朝治吏之法的重要组成部分，使清初至光绪十三年间清政府各机构官职的设置、办事规范、行政法令等内容得以汇集，对官吏的行为做出了具体的要求与规定。

当时启蒙思想家的代表李贽对道家思想进行过较为深入的研究。他曾将《道德经》"日置案头，行则携持入手夹，以便讽诵"，并做"呵冻作《解老》一卷"。有关庄子思想，他也格外推崇，并著有《庄子内篇解》。他在思想上主张"三教融通"，在政治上倾向于"无为而治"，在哲学上则以相对主义为归宿。他的这些思想无疑带有明显的局限性，但这都是针对那些儒家正统观念维护者"以孔子之是非为是非"的专制主义而发的，而在当时又具有解放思想、追求个性自由的积极意义。傅山、王夫之、魏源等进步思想家也都批判地继承了庄子的思想。

---

① 黄彰健.明实录[M].北京：中华书局，2016：1443.

第三节　举荐制
——庄学历史视角的检视

在历史的朝代更迭中，吏治的主要思路是人才的选拔与任用，"选仕"尤为重要，梳理我国古代人才选拔制度的演进，考试逐渐成为"选仕"的基本方式，其制度在社会运行机制中得到不断完善。基于历史视角，分析其中以德为先的举荐制，对当今优秀人才选拔机制的完善大有裨益。

纵观古代吏治的发展不难发现，儒、道两家思想对古代吏治影响深远，"政者，正也。子率以正，孰敢不正"①。儒家认为，"举直错诸枉，则民服；举枉错诸直，则民不服"②，倡导"以德治官""任官当用贤"；主张"政者，正也"③"不能正其身，如正人何"④"其身正，不令而行；其身不正，虽令不从"⑤。可见，为政是一个以德服众、以身作则、上行下效的过程。

古代吏治中关于政绩的考核过程充分体现了品德考核的重要性，依据权责一致与以德行为主的原则进行针对性考核。道德品行体现了对国家的忠诚感，"吏不畏吾严而畏吾廉，民不服吾能而

---

① 杨伯峻.论语译注[M].北京:中华书局,2009:127.
② 杨伯峻.论语译注[M].北京:中华书局,2009:19.
③ 杨伯峻.论语译注[M].北京:中华书局,2009:127.
④ 杨伯峻.论语译注[M].北京:中华书局,2009:136.
⑤ 杨伯峻.论语译注[M].北京:中华书局,2009:134.

服吾公……公生明，廉生威"①。由此可见，官员的道德品行尤为重要。

儒家吏治的主旨思想为汉代以后的王朝广为接受，在唯才是举的基础上极力关注官吏的道德操守与奉献意识，践行"以德治官"。道德品行始终居于选任官吏要求之重要位置。汉代奉行"举孝廉取仕"的察举制，它的主要特征是由地方长官在辖区内随时考察、选取人才并推荐给上级或中央，经过试用考核再任命官职。"国家根据设官用人的需要设立察举科目，并将察举科目分为特举和岁举两类。特举科目有贤良方正、明经、明法等，岁举科目有秀才、孝廉等。由朝廷下诏公布科目与名额，郡国依据朝廷规定在其辖区内选拔，向朝廷举荐，经大臣或朝廷考核，授之以官。"②

受儒家思想的影响，汉代在选贤任能上对"举荐制"提出了更高的要求，甚至将礼义道德教化置于治国首位，并且将惩罚与励忠相辅相成，从"只举不试"到"先举后试"再到"所举皆试"是察举制的重大改进。虽然先举后试为平民子弟提供了入仕的可能，然而东汉察举制日益腐败，逐渐沦为以门第高低评定优劣，最终被世家大族把持的选仕之路，在权贵的操控下，结党营私，朋党之争频繁，难以发挥真正的荐举和考察人才的功能。

汉赋是汉代反映社会的文学体裁，其中楚辞和策士文学对它影响深远。同时，庄子思想也对它有过不可低估的影响。如汉赋的艺术风格和语言受到了庄子思想的推动，其中汉赋还运用了《庄子》寓言式的手法，汉赋中的艺术形象大多取源于《庄子》。

魏晋南北朝时期的九品中正制日益丰富了举荐制的内容，逐渐替代了汉代的察举制。九品中正制是魏晋南北朝时期选士的主

---

① 高峡.西安碑林全集[M].广州：广东经济出版社,深圳：海天出版社,1999：5003.

② 杨智磊,王兴亚.中国考试管理制度史[M].郑州：中州古籍出版社,2007：25.

要制度。中正最主要的任务是"品第人物，评价人才"，其基本内容如下：第一，各州郡皆置中正官，各州设大中正，各郡设小中正，由在朝廷任职的德才兼备的本地官员兼任改职。第二，九品选人，唯问中正，政府所用人才即通过中正推荐而来。中正的评价必须有书面的正式材料。这种材料主要包括家世、品、状三个方面。家世又称"薄阀""薄世"，指被评者的族望与父祖官爵。状，指行状。这是汉代旧制。汉代举主或府主对于被举者道德才能的详细叙述，称为行状，这是察举的重要参考。品，品第，指中正根据家世、才德，对被评价者做出总的品第评语。品共分九等：即上上、上中、上下，中上、中中、中下，下上、下中、下下。九等又可分为二类：上品、下品。一品无人能得，形同虚设，二品实为最高品。第三，品级与官位必须一致，即官位尊卑与品第高低必须相符。上品者任高官，下品者任卑职；升官要同时升品，而降品即等于免官。值得注意的是，中正评定人物优劣的"九品"，与表示职官品秩高下的"九品"，并非一码事。前者指的是"人品"，后者指的是"官品"。第四，中正官所定的品级，并非一成不变，一般三年一调整，谓之"清定"。①"魏始建九品之制，三年一清定之，虽未尽弘美，亦缙绅之清律，人伦之明镜。从尔以来，遵用无改。"②这种举荐方式是通过中正以书面形式进行推荐，内容依然参考汉代旧制。被举者的道德、才能称为"行状"，九品中正制在魏晋及以后的发展，几乎与察举制相同。最终亦沦为"上品无寒门，下品无世族"的维护贵族特权的政治工具。

九品中正制在南北朝时期腐朽至极。寒门子弟的入仕需求成了奢望，从而引起庶民怨声载道，"权富子弟多以人事得举，而贫

---

① 王中男.考试之举荐制度：历史视角的检视[J].教育参考,2015(1):41-42.
② 房玄龄,等.晋书：全十册[M].北京：中华书局,1974:2764.

约守志者以穷退见遗"①。朝政矛盾也日益激化，最终促使九品中正制之效益逐日消失，科举制的萌芽产生了。

从隋朝开皇年间罢九品中正制，确立科举制度，到清朝光绪年间废止，共持续1300多年。由于隋朝科考制度是应民间呼吁，唯重才学，尚属于初创时期，避免了高官的"职业倦怠"，底层诉求直达中枢，"苟日新，日日新，又日新"也逐渐发展成为常态，有效制约了名门权贵。

唐太宗为"拔人物则不私于党，负志业则咸尽其才"。唐代的科举制度虽然发展较快，但是权贵的意志在录取时还起着操纵性的作用，选举也凸显出门第和家族势力的重要性，制度不够健全，如"或父子相继据相位，或累数世而屡显，或终唐之世不绝"②的现象。唐中宗时，以至于"皆依势用事，请谒受赇，虽屠沽臧获，用钱三十万，则别降墨敕除官，斜封付中书，时人谓之'斜封官'；钱三万则度为僧尼。其员外、同正、试、摄、检校、判、知官凡数千人。西京、东都各置两吏部侍郎，为四铨，选者岁数万人"③。

唐代，"凡选授之制……以三类观其异：一曰德行；二曰才用；三曰劳效"④，并制定了考核法规，"凡百司之长，岁较其属功过，差以九等"⑤。官吏不分职位、门第都需要经过考核，并根据综合考察结果决定赏罚黜陟，将选人、用人与政绩考核有机结合。

马周上疏太宗："百姓所以治安，唯在刺史、县令，苟选用得人，则陛下可以端拱无为。今朝廷唯重内官而轻州县之选，刺史

① 范晔.后汉书：全十二册[M].北京：中华书局,1965：2040.
② 欧阳修,宋祁.新唐书：全二十册[M].北京：中华书局,1975：2179.
③ 司马光.资治通鉴：全十二册[M].北京：中华书局,1956：6623.
④ 李林甫,等.唐六典[M].北京：中华书局,1992：27.
⑤ 欧阳修,宋祁.新唐书：全二十册[M].北京：中华书局,1975：1190.

多用武人，或京官不辞职者始补外任，边远之处，用人更轻。所以百姓未安，殆由于此。"①随后将官员政绩考核制度正式纳入法律轨道，进一步完善了科举制。

宋代在唐代科举制的基础上，制定了殿试制度。宋太祖下诏："国家悬科取士，为官择人。既擢第于公朝，宁谢恩于私室？将惩薄俗，宜举明文。今后及第举人不得辄拜知举官……兼不得呼春官(指主试官)为恩门、师门，亦不得自称门生。"②有效制止了主考官滥用权力与考生勾结的腐败之风，使德才兼备之士得以脱颖。

宋代科举制在官吏的选拔上有了更完善的客观标准，其别头试、锁院、糊名、誊录等规定在一定程度上杜绝了国家官吏选拔被权贵操纵的现象。"国家取士之制，比于前世，最号至公。盖累圣留心，讲求曲尽。以谓王者无外，天下一家，故不问东西南北之人，尽聚诸路贡士，混合为一，而惟才是择。各糊名、誊录而考之，使主司莫知为何方之人，谁氏之子，不得有所憎爱薄厚于其间……其无情如造化，至公如权衡。"③欧阳修高度评价了英宗时期官吏选拔方式的公正性。

受儒家"重义轻利"思想的影响，王安石认为，"以仁义礼信修其身而移之政，则天下莫不化之也"，宋代各阶层知识分子较以往凭借贵族门阀入仕的官员在素质德行上都有明显提高。

明朝人才选举之法分为学校、科目、荐举、铨选四个方面，荐举指的是推荐或者破格提拔官员，是科举考试的一种辅助手段，选人注意德才兼备，注意人才的梯次配备，甚至可以不拘一格选拔德行好的底层人士。清代统治者更为注重选拔贤吏，强调贤吏于治国的作用并赏罚分明，"得贤则治理雍熙，不得贤则民生憔

① 司马光.资治通鉴:全十二册[M].北京:中华书局,1956:6133.
② 刘琳,刁忠民,舒大刚,等.宋会要辑稿:全十六册[M].上海:上海古籍出版社,2014:5285.
③ 欧阳修.欧阳修全集:全六册[M].北京:中华书局,2001:1716.

悴"，举荐有政绩的官吏时要做到"直言无隐、勿徇私情、勿畏权势"；清政府严禁大小官员私交私宴及庆贺馈送，不许"迎送往来，交际馈遗"。注重贤才与真才的培养、选拔与任用，"无论贵贱远近隐显升沉，果有灼见真知，悉行举荐"，并严厉禁止朋党和宦官干预朝政。

清代举荐与奖励相结合，加大奖励的力度，奖励屡有善举的职官，保举贤才、将才，奖励洋务人员，奖励兴学办教育者等。如，端方敢于破旧立新大胆举荐，可见其求贤若渴之心。时隔半年，端方再次保举汉阳知府余肇康等员；端方与张之洞联上奏折陈请，湖北洋务交涉日益繁重，历年随办洋务人员异常出力，再次奏请奖励。

综上所述，虽然举荐制在一定程度上有效促进了社会的发展，然而在专制王权的限制下，举荐过程中所出现的任人唯亲、结党营私、贪污腐败或者依照皇帝个人意愿加封等现象也是难以避免，最后无外乎成了权贵们的政治天下，也同时成了举荐制如实运行的一大障碍。历史证明，这样初衷很好的举荐制行之既久，也难以杜绝无弊，最后由于日渐脱离客观标准，逐渐演变成误事、误国的政策。

第

八

章

庄学的法治意识
与道德自觉的历史根源

第一节 庄学的法治意识

庄子的"处世之道"包括庄子对个体以及对"君主""处世"的思考。从殷周的政治变迁着手探讨庄子处世之道的历史根源，到春秋时期的治世理论进一步强调"德"，后来孔子提出了著名的"为政以德"的治世观点。庄子的治世之道或者法治意识便是对这些思想的继承和再发展。

孔子强调"克己复礼"，立足社会，强调"杀身成仁""舍生取义"；庄子却另辟蹊径，立足于个体生命，重新诠释孔子的"仁、义、礼、道、德、生、死、功、名、时、命、贵、贱、是、非、苦、乐"等一系列命题，这是在孔子命题的基础上对老子思想的再阐释。庄子在继承老子道学思想的基础上，展开对个体精神洒脱、自由、自乐的论述。

孔子早期执着于实施其政治抱负，晚年却倾向于走"隐"的思路，倾向于强调个体精神的修养。正如庄子评价孔子："孔子行年六十而六十化，始时所是，卒而非之，未知今之所谓是之非五十九非也。"[①]孔子的思想经历了一个变化的过程，曾有过"道不行，乘桴浮于海"[②]的感叹，这与庄子的"天下有道，圣人成焉；

① 陈鼓应.庄子今注今译：全三册[M].北京：中华书局，1983：779–780.
② 杨伯峻.论语译注[M].北京：中华书局，2009：42.

天下无道，圣人生焉。方今之时，仅免刑焉"①思想有相通之处。

孔子曾对南容说："邦有道，不废，邦无道，免于刑戮。"②还曾感慨"有道则见，无道则隐"③"用之则行，舍之则藏"④。

在先秦诸子百家中，庄子可谓道家的集大成者。他在老子学说的基础上有所发展，精辟独到，"别为一宗"，将"道"视作万物的本原，并沿着这一理论，在法治意识上崇尚无为的自然法，对后世影响深远。

庄子生活在奴隶社会向封建社会过渡的大变革时期，即战国中期。经济上，该时期由于农具的发展，如铁器的广泛应用，荒芜土地得以大量开垦。同时贸易也开始发展并不断走向繁荣，因此，贫富分化开始产生。政治上，诸国征战频繁，一国之内出现公室相互倾轧、吞小并弱、争权夺利、竞位求名、烦苛之征、纷抚之政以及奢侈之风等，致使民风大衰，于是，思想界产生了治世呼声强烈的百家争鸣现象。

随着社会大变革的到来，庄子的关注重心也开始转移，从前期的政治哲学研究转移到对人生哲学的思索上，其中也穿插着对为政之道的少量论述，这些论述是对春秋时期关于"德"的思想的继承与批判。西周时期，对君主德行的强调，对殷商"天""帝"观念的弘扬，形成了"以德配天"的观念。其中"天"不再是纯粹的神灵，除了拥有特殊能力以外，还具有道德判断的意志力量以及伦理价值原则。个中意义在于赋予"天"以价值、善恶、伦理的内涵，完成了从自然神灵向伦理神灵的转变，并根据君主的意愿做出是否降命于他的决定。虽然无法摆脱蒙昧无知，但是这也足以说明周人开始具备了自由理性，在信仰上有了一定的进

① 陈鼓应.庄子今注今译：全三册[M].北京：中华书局，1983：154.
② 杨伯峻.论语译注[M].北京：中华书局，2009：41.
③ 杨伯峻.论语译注[M].北京：中华书局，2009：81.
④ 杨伯峻.论语译注[M].北京：中华书局，2009：67.

步，使"德"成为周朝政治发展强调的重心，"德治"代替"神治"，"以德配天"开始成为西周政治的一个亮点。这一变革对后世的影响较大，一方面，该时期强调以德治世的理论直接影响了孔子后来提出"为政以德"的思想，另一方面，个体的独立人格意识增强，开始关注自身精神力量的发展和自由。

庄子终生不仕，终生清贫，他为庶民代言，另辟蹊径，提出了自己的治世主张，独树一帜。庄子提出"齐一"的思想，认为治世之本是消除不平，"夫天下也者，万物之所一也"①"齐万物以为首"②，他在继承老子"道生一"思想的基础上提出"道通为一"。这里的"一"便是老子所谓的"道"。庄子又在老子"道法自然"的基础上指出了"道兼于天"，这里的天就是自然之道。以"道"作为万物的最高主宰与本原，并产生无比的敬畏之心，这其实是一种朴素的法治意识。

庄子提出了有关人类"无待"的自然本体说，认为人之所以感受到不自由或者受压迫，在于受争权夺利、追名逐利的欲望所困，并受制于种种外界利益，唯有打破这种"有待"的栓结，返回人类自然本真的状态，才能实现无待的心境——"至人无己"，逍遥与自由，摆脱一切世俗之束缚，并从中得以超然解脱。治世之道亦然。"顺物自然而无容私焉，而天下治矣。"③

---

① 陈鼓应.庄子今注今译：全三册[M].北京：中华书局,1983:577.
② 陈鼓应.庄子今注今译：全三册[M].北京：中华书局,1983:930.
③ 陈鼓应.庄子今注今译：全三册[M].北京：中华书局,1983:235.

第二节　庄学的自然法则与道德自觉

　　孔子十分强调道德自觉，他认为应当通过道德自觉来完善主体的自我人格，以达"君子"之理想人格、"仁"之理想境界。随着我国经济和社会的发展，挖掘道德自觉的内涵以及如何使道德自觉培育成为当代德育的重要组成部分，具有较强的现实性。

　　庄子认为，仁义是人有意识的行为，而"道"则是自然的本性。因此指出："夫仁义憯然，乃愤吾心，乱莫大焉。"①"道不可致，德不可至。仁可为也，义可亏也，礼相伪也。"②认为"下有桀跖，上有曾史，而儒墨毕起。于是乎喜怒相疑，愚知相欺，善否相非，诞信相讥，而天下衰矣；大德不同，而性命烂漫矣；天下好知，而百姓求竭矣。于是乎钘锯制焉，绳墨杀焉，椎凿决焉。天下脊脊大乱，罪在撄人心。故贤者伏处大山嵁岩之下，而万乘之君忧栗乎庙堂之上。今世殊死者相枕也，桁杨者相推也，形戮者相望也，而儒墨乃始离跂攘臂乎桎梏之间。噫，甚矣哉！其无愧而不知耻也，甚矣！吾未知圣知之不为桁杨接槢也，仁义之不为桎梏凿枘也，焉知曾史之不为桀、跖嚆矢也！故曰：绝圣弃知

---

① 陈鼓应.庄子今注今译：全三册[M].北京：中华书局，1983：412.
② 陈鼓应.庄子今注今译：全三册[M].北京：中华书局，1983：597.

而天下大治"①。意思是，下有盗跖与夏桀之流，上有史鰌和曾参之辈，而儒、墨的争辩又全面开启。或怒或喜相互猜疑，或恶或善相互责难，或智或愚相互欺诈，或信或妄相互讥刺，故而天下便逐渐衰败了。由于生活态度和基本观点如此相异，人类的本性自然会出现散乱，如若天下百姓都追求智巧，纷争便会迭起。然后再用锯斧之类的刑具来加以制裁，用凿椎之类的刑具来惩处他们的肉体，用绳墨之类的法度来规矩他们的言行，就会扰乱人心，导致天下大乱。贤能的人则只能选择隐居于深谷或高山之下，而帝王诸侯则忧心如焚战战兢兢于朝堂之上。庄子还斥责了如下现象："本在于上，末在于下；要在于主，详在于臣。三军五兵之运，德之末也；赏罚利害，五刑之辟，教之末也；礼法度数，形名比详，治之末也；钟鼓之音，羽旄之容，乐之末也；哭泣衰绖，隆杀之服，哀之末也。此五末者，须精神之运，心术之动，然后从之者也。"②道德始于上古，仁义则延续推行于当今；治世的纲要与结果掌握在君王手中，而烦冗的工作落到了臣子手中。各种兵器以及军队的使用，奖、赏、罚、没各种惩戒与利导，并辅以各种刑罚，这是德化作用衰落的表现；对事物进行审定和比较，利用法规礼仪来计数与衡量，这是治理不见成效的表现；钟鼓本然悦耳，却用鸟兽之羽装饰，这是喧宾夺主的表现；痛哭流涕，披麻戴孝，不同规格的丧服或省简或隆重，这是哀伤情感难以自然流露的表现。种种微末之举，骄矜、率性，难以实现心智的正常活动和精神的自然运行。

　　曾有学者认为，庄子所强调的"至德之世"是用复归于自然的方式来达到复辟旧制的目的，他的"自然的社会"实际上是指自给自足的小农经济社会，也就是作为宗法贵族统治经济基础的

---

① 陈鼓应.庄子今注今译：全三册[M].北京：中华书局,1983:299.
② 陈鼓应.庄子今注今译：全三册[M].北京：中华书局,1983:370.

"井田"制度社会。庄子的意图要是恢复宗法贵族统治的原始的宗法封建社会。考虑到庄子所处的历史阶段，难免会把庄子视为封建贵族领主思想的代表。庄子指出"山无蹊隧，泽无舟梁；万物群生，连属其乡；禽兽成群，草木遂长"的原始社会情景。西周初期实行"井田制"，就有大小领主或奴隶主对农奴或奴隶的压迫与剥削，有剥削有压迫，自然就有欺诈与斗争，有劳役，农奴或奴隶自然就不能衣食无忧、安居乐业，这与庄子文章所描绘的"夫至德之世，同与禽兽居，族与万物并。恶乎知君子小人哉！同乎无知，其德不离；同乎无欲，是谓素朴。素朴而民性得矣。及至圣人，蹩躠为仁，踶跂为义，而天下始疑矣；澶漫为乐，摘辟为礼，而天下始分矣。故纯朴不残，孰为牺尊！白玉不毁，孰为珪璋！道德不废，安取仁义！性情不离，安用礼乐！五色不乱，孰为文采！五声不乱，孰应六律！夫残朴以为器，工匠之罪也；毁道德以为仁义，圣人之过也"①并无共同之处，因此，认为"庄子用复归于自然的方式来达到复辟旧制的目的"并不成立。

庄子有意识把原始社会作为理想社会提出来，是与当时的社会现状相对立的，除了庄子，《礼记·礼运》篇也曾有"天下为公"的社会理想。庄子的"至德之世"与《礼记·礼运》篇所陈述的"大同社会"、陶渊明的"世外桃源"有着共同点：没有争夺战乱，没有剥削压迫，共同劳动，人人都可以安居乐业。

庄子提出"无为而治"的同时又向往许多理想的政治人物出现，如"真人""神人""至人"等。庄子称其为"道"的化身，具有超人的力量，可以与天地为一，可以化生万物、支配天地。虽然有些荒诞，但是这些理想人物的"无己""忘我""超然物外"等理念说明他们并没有忘情于社会现状，而是有益于人，无损于物。他们强调"与人"，给予人们以帮扶，"夫醉者之坠车，虽疾

① 陈鼓应.庄子今注今译：全三册[M].北京：中华书局，1983：270.

不死。骨节与人同而犯害与人异，其神全也。乘亦不知也，坠亦不知也，死生惊惧不入乎其胸中，是故迕物而不慑。彼得全于酒而犹若是，而况得全于天乎？圣人藏于天，故莫之能伤也。复仇者不折镆干，虽有忮心者不怨飘瓦，是以天下平均。故无攻战之乱，无杀戮之刑者，由此道也"①，使社会安定，让人们过上祥和太平的日子。"藐姑射之山，有神人居焉。肌肤若冰雪，绰约若处子，不食五谷，吸风饮露，乘云气，御飞龙，而游乎四海之外"②，设想在遥远的姑射山，有位神人，乘云气驾飞龙，吸清风饮甘露，不食五谷，遨游于四海之外。他神情专注，祈祷人们年年五谷丰登，世间万物不受病害。再有："不开人之天，而开天之天，开天者德生，开人者贼生。不厌其天，不忽于人，民几乎以其真！"③提倡保持自然本真，随遇而安，获得生存。保持自然的禀赋，也不忽略人为的才智，人们才能纯真无伪！

庄子的法治思想，主要表现是崇尚自然，保持人类本性，当属于朴素的自然法思想。"无为者，天地之本，而道德之至"④。恬适、虚静是道德修养的最高境界，是天地的基准，并强调圣明的人都停留在这一虚淡空明的境界上。停留在这一境界上便会觉得心境充实，心境充实便能合乎于自然之理。心境虚空才会宁寂平静，宁寂平静才能自我运动，虚静便能无为，无为使人自然本然的各尽其责，从容自得。从容自得的人便不会身藏祸患与忧愁，寿命也会长久。虚静、寂然、恬淡、无为是万物的根本，明白了这个道理并处于庶民百姓的位置思考，便能通晓圣王的主张与看法；明白了这个道理而处于帝王之位思考，便是帝王治世的盛德；领悟了这个道理踏入仕途安顺世间百姓，便能卓著功业，名扬四

① 陈鼓应.庄子今注今译：全三册[M].北京：中华书局,1983：503-504.

② 陈鼓应.庄子今注今译：全三册[M].北京：中华书局,1983：25.

③ 陈鼓应.庄子今注今译：全三册[M].北京：中华书局,1983：504.

④ 陈鼓应.庄子今注今译：全三册[M].北京：中华书局,1983：364.

海，助于天下大同；凭借这个道理隐居于江海闲游，山林的隐士便会折服推心；以清静之态成为玄圣，才能取得尊尚的位置，无以与之媲美。

第三节　庄学自然法思想的历史根源

庄子自然法思想中的自由平等观与古典自然法学派代表之一卢梭的观点极为相似。卢梭在西方资产阶级社会的生活中，出身卑微，也同样终身未仕，因此，他能设身处地地同情当时社会最底层的广大民众，极力主张人性自然说，认为人类在自然状态中理应一律平等。因此，他指出：人是生而自由的，却无所不在枷锁之中。自以为是其他一切的主人的人，反而比其他一切更是奴隶。然而如果没有平等，自由便不复存在，因为在自然状态下，人类并不存在君、臣、富人、穷人之别，彼此应该一律平等。"卢梭为了阐释其自由理念，提出了两个相关又相别的概念，即众意和公意。他认为，众意是每个人意志的总和，而公意则是众意中共同的部分。他说：'公意与众意之间经常总有很大的差别，公意只着眼于公共的利益，而众意则着眼于私人的利益，众意只是个别意志的总和。但是，除掉这些个别意志间正负相抵消的部分而外，则剩下的总和仍然是公意。'"[①]因此，在卢梭看来，只有执行公意才能作为实现自由的条件，但是又由于公意只是众意中有关共性的那一部分，所以社会公意的产生过程便很艰难，这必然

---

① 马捷莎.析卢梭自由理念的价值困惑[J].北京师范大学学报(人文社会科学版)，2004(4)：113.

伴随个别意志的产生过程，究其根源在于，公意涉及主权。主权只有而且必须执行公意才能实现人民的政治权利和自由。"公意永远是公正的，而且永远以公共利益为依归。"①卢梭并得出人们只有消灭暴君，推翻专制制度才能实现自由与自然生存的结论。

庄子抨击人类社会不平等的现象，此观点与卢梭的观点基本一致，但是在寻找消除这种不平等的途径和手段上却与卢梭的有所区别。卢梭认为，找出一种理想的政治形式才能使人重新得到平等，实现自由与自然发展，这种政治形式属于在社会契约基础上实行的法治民主共和国，当暴君出现，无视法律和人民的时候，人民只能以暴反暴才能重新实现平等。但是，在庄子看来，主张"纯粹而不杂，静一而不变，淡而无为，动而以天行，此养神之道也"②。摒弃七情六欲，革除一切杂念，顺其自然，才能实现人类自由平等的状态。由此观之，卢梭认为为所欲为或者消极地等待自然的制约不属于真正的自由，肯定在社会状态中尽力寻找自由平等的生存路径远远超越自然状态中的平等与自由。然而，庄子眼中的自由是"逍遥无待""循道而趋"，进而把平等看成非社会的自然本性。

庄子的法律思想无法和卢梭的观点相抗衡，因为庄子和卢梭所处的时代不同，但在渴望建立平等自由的社会、尊重自然及抗议社会不平等方面有较为相似的路径。庄子虽然也深刻地洞悉了社会不平等的主要原因，但是他没能看到根本原因是生产力的发展和私有制的产生这个社会发展的规律，当然也更不能解释从必然到自由的真正趋势了。

"君独为万乘之主，以苦一国之民，以养耳目鼻口，夫神者不

---

① 卢梭.社会契约论[M].何兆武,译.北京:商务印书馆,1980:39.
② 陈鼓应.庄子今注今译:全三册[M].北京:中华书局,1983:429-430.

自许也。"①庄子鄙视功名利禄，"若弃名利，反之于心，则夫士之
为行，不可一日不为乎"②，继承和发展了老子的观点，认为仁义
是人有意志的行为，"道"则是自然的本性。因此："夫知者不言，
言者不知，故圣人行不言之教。道不可致，德不可至。仁可为也，
义可亏也，礼相伪也。故曰：'失道而后德，失德而后仁，失仁而
后义，失义而后礼。'"③庄子对反人类与自然本性的社会关系以
及社会制度进行了批判，将人的自然本性与社会性完全对立是一
种谬误。但是在当时极不平等的社会关系中，庄子犀利地把这种
对立提出来，支持"夫恬淡寂寞虚无无为，此天地之本而道德之
质也"④，认为"若夫不刻意而高，无仁义而修，无功名而治，无
江海而闲，不道引而寿，无不忘也，无不有也，澹然无极而众美
从之。此天地之道，圣人之德也"⑤，这是有其时代意义的。

　　庄子所崇尚的自然法是公正无私的、普遍性的、道德自觉的
人类行为准则。庄子认为，"万物殊理，道不私，故无名……今计
物之数，不止于万，而期曰万物者，以数之多者号而读之也。是
故天地者，形之大者也；阴阳者，气之大者也；道者为之公。因
其大而号以读之则可也，已有之矣，乃将得比哉？则若以斯辩，
譬犹狗马，其不及远矣"⑥。这里的"道不私""道者为之公"解
释了自然法的公正性。庄子自然法思想的精髓在于强调了自然法
的平等性。"天地有大美而不言，四时有明法而不议，万物有成理
而不说。圣人者，原天地之美而达万物之理，是故至人无为，大
圣不作，观于天地之谓也。合神明至精，与彼百化。物已死生方

① 陈鼓应.庄子今注今译：全三册[M].北京：中华书局，1983：674.
② 陈鼓应.庄子今注今译：全三册[M].北京：中华书局，1983：840.
③ 陈鼓应.庄子今注今译：全三册[M].北京：中华书局，1983：596-597.
④ 陈鼓应.庄子今注今译：全三册[M].北京：中华书局，1983：426.
⑤ 陈鼓应.庄子今注今译：全三册[M].北京：中华书局，1983：423-424.
⑥ 陈鼓应.庄子今注今译：全三册[M].北京：中华书局，1983：737-738.

圆，莫知其根也。扁然而万物自古以固存。六合为巨，未离其内；秋毫为小，待之成体。天下莫不沉浮，终身不故；阴阳四时运行，各得其序。惛然若亡而存，油然不形而神，万物畜而不知。此之谓本根，可以观于天矣。"①充分说明了自然法的普遍存在性。庄子所谓"道无终始"阐释了自然法是无所不在并且永恒存在的，是人类万物的准则。庄子以"道通为一"为根据，提出"齐彼此，齐是非，齐物我"的观点。

庄子的自然法在批判现实中产生的是反等级制度的能量，物与物无彼此之异，理应相等，如"夫天下莫大于秋毫之末，而太山为小；莫寿乎殇子，而彭祖为夭。天地与我并生，而万物与我为一。既已为一矣，且得有言乎？既已谓之一矣，且得无言乎？一与言为二，二与一为三。自此以往，巧历不能得，而况其凡乎！故自无适有以至于三，而况自有适有乎！无适焉，因是已"②，天地万物与我们人类没区别，都是一个本体，宇宙万事万物都是一致的、相等的。庄子认为，人类社会中"平为福，有余为害者，物莫不然，而财其甚者也。今富人，耳营于钟鼓管籥之声，口嗛于刍豢醪醴之味，以感其意，遗忘其业，可谓乱矣"③。君王也不应有超越社会之上的特权，人人在自然法面前理应一律平等，并认可老子的观点"明王之治：功盖天下而似不自己，化贷万物而民弗恃。有莫举名，使物自喜；立乎不测，而游于无有者也"④。圣明之君治理天下，功绩卓著却又不张扬自己的功绩，恩惠施及万物而百姓却不觉得有所困扰或依赖，万事万物各有所属各有所归。"势为天子而不以贵骄人，富有天下而不以财戏人。计其患，虑其反，以为害于性，故辞而不受也，非以要名誉也。尧舜为帝

①陈鼓应.庄子今注今译：全三册[M].北京：中华书局，1983：602.
②陈鼓应.庄子今注今译：全三册[M].北京：中华书局，1983：80-81.
③陈鼓应.庄子今注今译：全三册[M].北京：中华书局，1983：848.
④陈鼓应.庄子今注今译：全三册[M].北京：中华书局，1983：238.

而雍，非仁天下也，不以美害生也；善卷许由得帝而不受，非虚辞让也，不以事害己。此皆就其利、辞其害，而天下称贤焉，则可以有之，彼非以兴名誉也。"①权势如天子，而不以尊贵之躯骄傲于人；富比天下，而不以货财自诩于人。庄子一再强调当权者在自然法面前理应势而不骄。从历史观的角度看，庄子在自然法思想中的平等观是不现实的，这种愿景更是难以实现，不平等是当时不可覆盖或者不可扭转的事实，不管怎样，我们都应该看到庄子这种平等观虽是有感而发，然而针对当时社会贫富贵贱悬殊的现象，充分反映了受压抑的民众苛求自由平等的呼声。

庄子的自然法思想虽然有失偏颇，但是，从历史观的角度看，属于对当时社会的深刻认识之一，在人们参与的社会中去找寻"不平"的根源，强调尊重自然的客观规律，对后世和谐理念的发展影响很大。汉初的"文景之治"与唐初的"贞观之治"的社会成果都与庄子学派的理论效应息息相关，但是庄子所提倡的"超脱世俗、独善其身、逍遥无待"思想，虽有养生之道的价值，但是缺乏进取意识，只能使失意的政客或者没落的阶级从中找寻精神寄托。

---

① 陈鼓应.庄子今注今译：全三册[M].北京：中华书局,1983：848.

庄子生命哲学的
高校教育价值

第一节　不求闻达于诸侯

卢梭曾讲过，人生来自由，而处处都在枷锁中。如何面对生命中的困境，实现心灵的自由，这正是庄子的生命哲学所要解决的问题。在现代文明高度发展的同时，负面影响也随之而来，这引起了人们对自由发展的渴望，对怎样才能活得更好产生了疑惑。庄子的生命哲学恰恰提供了面对人生逆境时逍遥、达观、超越的精神，这对我们如何达观地面对人生困境、提高人生境界有极好的指导意义。

在庄子看透人世险恶时能保持自己的品格，不愿"沉沦于世"，"'齐宣王闻庄周贤，使使厚币迎之，许以为相'。庄周笑谓楚使曰：'千金，重利，卿相，尊位。子独不见郊祭之牺牛乎？养食之数岁，衣以文绣，以入大庙。当是之时，虽欲为孤豚，岂可得乎？子亟去，无污我。我宁游戏污渎之中自快，无为有国者所羁；终身不仕，以快吾志焉。'"[1]庄子深刻地觉察到困扰人性的桎梏是人难以逾越的界限，正是这些桎梏使人不能自由，庄子抨击人类欲壑难平，终身不返，"世俗之人，皆喜人之同乎己而恶人之异于己也"[2]。

---

① 司马迁.史记：全十册[M].北京：中华书局，1959：2145.
② 陈鼓应.庄子今注今译：全三册[M].北京：中华书局，1983：314.

"一"在庄子那里代表"齐物"之意，融天地万物为一体，宇宙万物的生命以"气"为媒介，统一于"道"，最后，"道通为一；……天地一指也，万物一马也；……唯达者知通为一"①，从中深感"回归"之意，回归自然，统一于自然，找寻本真的自我，从被物欲所累、本真之情几乎被荒废的生活中呈现自我、挖掘自我，"其寐也魂交，其觉也形开，与接为构，日以心斗。缦者，窖者，密者。小恐惴惴，大恐缦缦。其发若机括，其司是非之谓也；其留如诅盟，其守胜之谓也；其杀若秋冬，以言其日消也"②。来源于思想与现实的各种压力导致人们内心不安，当平和的心态缺失时，真正的幸福就不复存在。

社会变化之快，加剧了部分大学生心灵深处的危机感，"自我"的概念重新被关注，"自我"的不同观念决定了不同的自我价值观，如何看待人和事，如何定位自己的幸福观成了部分大学生所关注的问题。古希腊哲学家爱比泰勒有句格言："人的烦恼不起于事件，而起于他对事件的看法。"至少我们新时代的青年大学生应该弄清，在整个实践活动过程中应当如何看待和处理人与自我的关系，并通过科学有效的途径来逐步完善自我，实现自我价值，成为真正的自由生存者。

我们往往以"人格"来判断人，区分人的不同，比如从性格、才能、情感、意志等来观察一个人的智慧与德行等。自我意识的强与弱是人的心理的外在表现，是人格成熟与否的重要标志。人的意识是存在于人的生命活动中的，人类认识世界、改造世界的一切实践活动都与意识活动密切相关。马克思说："动物和它的生命活动是直接同一的。动物不把自己同自己的生命活动区别开来。它就是这种生命活动。人则使自己的生命活动本身变成自己的意

① 陈鼓应.庄子今注今译：全三册[M].北京：中华书局,1983：66-69.
② 陈鼓应.庄子今注今译：全三册[M].北京：中华书局,1983：48.

志和意识的对象。他的生命活动是有意识的。"①

　　"创造性"是对"自我"的超越，在变革中敢为天下先，在改造客观事物的过程中，勇于突破"自我"，不断进行自我否定之否定，从而不断完善富有理性的"自我"。庄子生于乱世，在深刻体察了生命存在的艰难困境后，回归自我才是生存的第一要义，只有开拓自我的内在世界，解放自己的思想，才能解决生的问题。这正是他"创造性"的思索。当生命的问题由于人世间的险恶而取代救世成为思想关注的核心时，围绕养生进行讨论也就成为自然而然的了。②

　　"养生"是庄子关注生命的表现，其思想不是指单纯的吐故纳新、延年益寿，而主要是指养心、宁神、安命，重生的根本意义在于正确认识与处理自我和社会的关系，懂得如何在缤纷的世界舞台上找寻自己的角色与位置，这个位置不是单纯意义上的空间概念，确切地说，是一种生的态度。"泽雉十步一啄，百步一饮，不蕲畜乎樊中。神虽王，不善也。"③庄子于混乱中的处世之道决定了他宁愿做"泽雉"，尽管时常食不果腹、衣不蔽体，但是自由自在，苟全性命于乱世，不求闻达于诸侯。

　　这与贪婪之人形成了鲜明的对比。大学生如果能懂得知足、自知、乐道、胸怀博大、洒脱自由、努力进取、用而不贪、足而不取、不为名、不图利，控制欲望，摒弃贪婪，那么未来是阳光明媚的。

---

　　① 马克思恩格斯全集：第四十二卷[M].北京：人民出版社 1979：96.

　　②王博.庄子哲学[M].北京：北京大学出版社，2004：46.

　　③ 陈鼓应.庄子今注今译：全三册[M].北京：中华书局，1983：113.

第二节 登高不栗，入水不濡，入火不热

瞬息万变的现代生活使个别大学生产生了压抑与无助的情绪，找不到生命存在的价值感，陷入了"存在性危机"，处于深刻的"和自然疏离""和社会疏离"及"和人自身疏离"的困境之中。[①]

对生命意义、人生意义及生存方式的探索与追问无疑是为了使自己的生命更有价值，能在缤纷的宇宙中得以安然存在，庄子对自由的向往与对心灵的超越烘托出一个我们向往已久的精神世界，可以为大学生提供启迪。

一、寻找被物欲所遮蔽的情感与生命价值

"在现代，物的关系对个人的统治、偶然性对个性的压抑，已具有最尖锐最普遍的形式，这样就给现有的个人提出了十分明确的任务。"[②]物质财富的诱惑使个别人成了"面包"的奴仆，这是一种主体的物化。人作为主体，本来应有更加丰富多彩的生命价值，如情感、信仰、道德等，然而，物质财富的闪耀刺伤了部分人的眼睛，变的眼中只有"物"，久而久之，膨胀的欲望使个别人

---

① 孙志文.现代人的焦虑和希望[M].北京:生活·读书·新知三联书店,1994:80-85.
② 马克思恩格斯全集:第三卷[M].北京:人民出版社,1960:515.

的内心在短暂的喜悦后极度空虚疲惫。"我们放眼观望四周，人人被社会和文化裹胁着忙这忙那。我们去追名求利，我们去赶风潮逐浪头，追明星赶消费求时髦，没完没了，以为这就是我们的生活，这就是我们的世界，殊不知这是在茫茫人潮茫茫社会中迷失了自我。我们求来求去仿佛总是竹篮打水一场空——因为人之物质欲望是一个永无满足可能的变量，而以我们每个人之能力而言，我们的所获总是有限的一个定量，以有限追求无限，岂不殆矣！"①

庄子批判社会"失性"的一面，"丧己于物，失性于俗"②"饰人之心，易人之意……逐万物而不反"③"小人则以身殉利，士则以身殉名，大夫则以身殉家，圣人则以身殉天下……天下尽殉也"④，最后整个社会变成了一个燃烧而又冰冷的世界，悲叹人生的悲哀。"一受其成形，不亡以待尽，与物相刃相靡，其行尽如驰，而莫之能止，不亦悲乎！终生役役而不见其成功，苶然疲役而不知其所归，可不哀邪！人谓之不死，奚益！其形化，其心与之然，可不谓大哀乎？"⑤

通信设备的便捷有利于大学生发展人际关系，但朴实的情感语言尤其是饱含真情与美的笔迹被抛弃了，网络影响了人们之间真实情感的交流。田园诗式的生活并不亚于都市生活的繁华，那是一种恬适，是不受制于人，也不受奴于物的简单又自由幸福的生活。"恬淡寂寞虚无无为……忧患不能入，邪气不能袭"⑥"立于宇宙之中，冬日衣皮毛，夏日衣葛絺；春耕种，形足以劳动；

---

① 郑晓江.穿透死亡[M].南昌：江西教育出版社，2000：122.

② 陈鼓应.庄子今注今译：全三册[M].北京：中华书局，1983：438.

③ 陈鼓应.庄子今注今译：全三册[M].北京：中华书局，1983：952-953.

④ 陈鼓应.庄子今注今译：全三册[M].北京：中华书局，1983：262.

⑤ 陈鼓应.庄子今注今译：全三册[M].北京：中华书局，1983：53.

⑥ 陈鼓应.庄子今注今译：全三册[M].北京：中华书局，1983：426.

秋收敛，身足以休食；日出而作，日入而息，逍遥于天地之间而心意自得。"①庄子毫不理会世俗的喧闹与战争，"以遂侯之珠，弹千仞之雀"②，鄙视以不法手段获取尔虞我诈后的无耻的胜利感。

二、重拾缺失的社会责任感

社会责任感是自我明确应当承担的社会责任，对社会和他人抱有无私的态度，甘于奉献。每个人都有自身的价值、不同的使命，人们各司其职，方能众溪成渠，众志成城，人生才能绚丽多彩，社会才能进步。

奥地利心理学家维克多·弗兰克在德国奥斯维辛集中营中受尽身心折磨，苦难的生活经历促使他完成了名著《生命的意义》。他认为，一个人不能去寻找抽象的人生意义，每个人都有他自己的特殊天职或使命，而此使命是需要采取具体行动去实现的。生命无法重复，也不可取代。所以每一个人都是独特的，也只有他具有特殊的机遇去完成其独特的天赋使命。一个人一旦了解了他的地位无可替代，自然会尽最大心力去为自己的存在负起最大责任。他只要知道自己有责任为某件尚待完成的工作或某个殷盼他早归的人而善自珍重，必定不会轻易抛弃生命。

个别大学生在生活中所产生的虚无感，巨大的生存压力所带来的疲惫感，会让他们怀疑生的意义，甚至会放弃生命，这正是缺乏社会责任感的表现。庄子的无为而治、虚己游世并非是逃避人生，而是带有忧患意识的，不是为情所困，也不是无情无欲，而是追求一种"真人"式的逍遥——"乘云气，骑日月，而游乎四海之外"。这是一种自然人格，是与"人性"和"天道"相吻

---

① 陈鼓应.庄子今注今译：全三册[M].北京：中华书局,1983:792-793.
② 陈鼓应.庄子今注今译：全三册[M].北京：中华书局,1983:800.

合的。

　　大学生不应以任何借口推脱责任，也不要以为放弃生命是自己的事情。如果连自己的生命都不珍惜的话，尊重他人、报效社会又从何谈起呢？悲观厌世的生活态度还是根源于"物欲"所带来的困惑，人生历程中，有忧有喜，有成功有失败，如果动辄就有放弃生命的蠢举，从根本上说还是源于自己的欲望没有得到满足所带来的失落感。庄子能"其寝不梦，其觉无忧，其食不甘，其息深深……其容寂，其颡頯"①，是因为他能安贫乐道，并未因贫困而产生疲惫感，这正是他追求的虚静品格。"水静则明烛须眉，平中准，大匠取法焉。水静犹明，而况精神！圣人之心静乎！天地之鉴也，万物之镜也。夫虚静恬淡寂寞无为者，天地之本而道德之至。"②何等自适，何等静谧，何等逍遥！

　　庄子对生死抱有顺其自然的态度，"生也死之徒，死也生之始。孰知其纪！人之生，气之聚也；聚则为生，散则为死……通天下一气耳"③。可见，庄子的生死观是"适来""适去"、安之若命、"不逆寡，不雄成，不谟士……不知说生，不知恶死……翛然而往，翛然而来而已"④。这并非意味着庄子不珍惜生命，他是不讲生死的，认为生命的始终只是自然现象。而自杀现象却是亵渎生命，把生命与成败、毁誉相连，是功利性的。"言人之不以好恶内伤其身，常因自然而不益生也。"⑤不给生命添加任何附属物。"忘其内而饰其外，外神劳精，皆于生之外而附益之也。好生而恶死，好存而恶亡，好达而恶穷，好富而恶贫，好誉而恶毁；所好

---

① 陈鼓应.庄子今注今译：全三册[M].北京：中华书局,1983：186.
② 陈鼓应.庄子今注今译：全三册[M].北京：中华书局,1983：364.
③ 陈鼓应.庄子今注今译：全三册[M].北京：中华书局,1983：597.
④ 陈鼓应.庄子今注今译：全三册[M].北京：中华书局,1983：186.
⑤ 陈鼓应.庄子今注今译：全三册[M].北京：中华书局,1983：180.

为贤，所恶为不肖；乃至饥渴寒暑，皆不顺其情之所适然。"①这是典型的"功利境界"。冯友兰认为，天地境界是人类最高之境界，"'乘道德而浮游''浮游乎万物之祖，物物而不物于物'，此是'道德之乡'。此所谓道德之乡，正是我们所谓天地境界"②。这是一种"登高不栗，入水不濡，入火不热"③"与日月参光，与天地为常"④的境界。

大学生应当重新审视自己，摆脱自身心理中的阴暗面的影响，去追求心旷神怡的境界！

---

① 王夫之.庄子解[M].北京:中华书局,1964:54-55.
② 冯友兰.贞元六书:全二册[M].北京:中华书局,2014:605.
③ 陈鼓应.庄子今注今译:全三册[M].北京:中华书局,1983:186.
④ 陈鼓应.庄子今注今译:全三册[M].北京:中华书局,1983:305.

第三节　物我两忘

如果大学生的内心能充满悲悯情怀，怀着对生命的感恩之心，以虔诚的态度融入生活，对生活充满理智与冷静，对生命充满人道主义的关怀与朴素的敬畏，那么他们对待生命的态度就不再是远观，不再是漠视，而是一种爱与善。对生命的敬畏体现着对爱的执着，只有选择爱与善的生活方式才能使生命的价值与意义得到提升。

善与恶，通过生命的意义与价值所展现，通过人与自然、人与社会的关系所流露。人与自然生命之真在于二者的和谐与共，所有的生命都是平等的，人的生命也没有理由凌驾于自然生命之上，相反，一切生命皆来源于自然界，自然界是生命的母亲。是自然生命给了我们湖光山色、碧水蓝天、花开花落、春雨绵绵……我们在欣赏与享受这种自然生命之美的同时是否怀着感恩之心呢？

在《礼记·玉藻》中有关于"君子远庖厨"的最早记载："君子远庖厨，凡有血气之类，弗身践也。"意为君子不杀凡有血气的生物，这讲的是一种不忍杀生的善举，在《新书·礼篇》中汉代的贾宜引述了孟子的话："故远庖厨，仁之至也。"孟子对齐宣王的"以羊易牛"之举评价为："无伤也，是乃仁术也。见牛未见羊也。君子之于禽兽也，见其生，不忍见其死；闻其声，不忍食其肉。是以君子远庖厨也。"①

庄子认为，自然界有其特定的自然发展规律，人是融于自然万象之中的。中国古代对人的地位多有论说："人者，天地之心也""惟人，万物之灵""天地之性人为贵"。人之为人的价值是可以肯定的，人与动物虽然有本质区别，但也不能无限夸大，不应违背自然规律。庄子认为："天地与我并生，而万物与我为一。"②所以，既然都归属于宇宙，生命就应该平等，"以道观之，物无贵贱；以物观之，自贵而相贱；以俗观之，贵贱不在已"③。既已平等就应博爱，"爱人利物之谓仁"，这是庄子早期可贵的和谐思想，道法自然。《庄子》的美学意蕴源于对生命之美的敬仰、赞叹和对万物的博爱之心，"有容德乃大"，向往大自然朴实的真、善、美，只有"生而不有，为而不恃，功成而弗居"④。无私无欲、自在自为，生机勃勃的自然生命是如此的美丽，流转着万象之美，滋养着人的体魄，丰富着人的灵魂。

人的贪婪不仅表现在对功名利禄的无尽追求上，还表现在向自然界的索取上，老子常言："甚爱必大费，多藏必厚亡。……名与身孰亲？身与货孰多？得与亡孰病？"⑤这就是人类破坏自然生态规律的危害性，长此以往，会一如老子所思考的：整个生态链条都有人类的足迹，与自然和平共处是互惠互利的，时刻谨记凡事适可而止，不可贪得无厌，要克制自己膨胀的欲望，时刻保持平静的心灵，心静如水，冰清玉洁。

寄情于山水是古代文人寻找精神自由的常取之径，庄子更是

① 杨伯峻.孟子译注[M].北京：中华书局，2012：16.
② 陈鼓应.庄子今注今译：全三册[M].北京：中华书局，1983：80.
③ 陈鼓应.庄子今注今译：全三册[M].北京：中华书局，1983：452.
④ 老子[M].上海：上海古籍出版社，2013：4.
⑤ 老子[M].上海：上海古籍出版社，2013：103.

对之赋予了一种"天道"理念，"天人合一""物我两忘"，从"人道"反观"天道"，兼爱自然万物，行"自然无为"之道，"且道者，万物之所由也"①"无为为之之谓天，无为言之之谓德"②"天道运而无所积，故万物成"③，只有摆脱物的桎梏与思想的困境，恬适、无待、天人合一的和谐境界才能实现。庄子的生命哲学对社会价值体系的重建有其独特的贡献。如今的大学生生活在一个新的时代，正面临着许多新的课题和任务，庄子"物我两忘"的境界为大学生积极投身社会建设、不为名利所役提供了精神支撑，这赋予了庄子生命哲学高校教育价值。

① 陈鼓应.庄子今注今译：全三册[M].北京：中华书局,1983：875-876.
② 陈鼓应.庄子今注今译：全三册[M].北京：中华书局,1983：323.
③ 陈鼓应.庄子今注今译：全三册[M].北京：中华书局,1983：364.

结　语

当今时代，生存与发展问题已成为一个极富挑战性和紧迫性的时代性问题，并成为当代哲学与社会科学的前沿问题，这迫使我们将生命存在的事实与人生的价值意义统一起来思考。

庄子的生命哲学是对人生问题、人的存在和生命现象进行理性思考的结晶，庄子在其独特的处世艺术中超越生命悲情，在逍遥中提升生命内涵，在生命终极关怀中体现深远的当代价值，是以自己的生命体验为后人留下的安身立命之道，以丰富而颇具哲理的生存智慧，构建起一种能使人类个体在纷繁复杂的世俗社会中得以安身立命的生命哲学。人，作为生命的最高形态，永远需要身心的安顿，需要追问生的价值和意义，需要生存的智慧。

人类凭着聪明才智，步入了文明时代的殿堂，社会的不断进步使得物质财富与精神财富都在不停地增长，我们在享受这种财富的同时理应感激这种进步。历史悠久的中华民族拥有永恒不息的生命力，在历史裂变频繁往复的人类文明之初，各家学派的智慧被重新唤醒。老庄思想，以其耀目的思想光辉，可以为新的时代航程亮起明灯：抚慰失落、惆怅、困惑的入世者的心灵，揭示文明进步与文明冲突并存的根源，为人类实现心灵解脱提供有效途径。

"理想人格"是教育思想史上对人生价值问题的探索，对人类个体自我修为的提高，对当代生命价值教育大有裨益。教育的发展，无论在任何时代都与社会的发展和个人自身的发展密切相关。人们的教育价值取向，一是以社会发展需要为出发点，二是以个体发展需要为出发点，从而形成了两种截然不同的认识——功利主义和理想主义。如何实现理想主义的教育价值观，是教育目标之一。

庄学思想的特色之一，是极力推崇自然天道，这是庄子哲学落实于社会治理的自然体现，是强调和谐与共理念的治世观，并提供了一套异于儒家思想的安身立命之法，丰富了先秦道家的治理思想，更丰富了传统政治哲学的内容，它在中国历史上常常作为儒家以仁义礼乐治国理政的补充，并起到积极的辅助之效用。其中，庄学之生命哲学思想中蕴含的治理思想提供了考察人之生存与发展、社会之稳定与进步的独特视角。

庄子的思想为人类文化增添了不朽的光辉，以"道"为源，把人的理性思维建立在超自然之道的基础之上，从而诞生出一种崭新的文明，流转着宇宙万物的林林总总。

感悟庄子的生命情怀有助于我们在纷扰的世界中穿梭时找到自己的坐标，增强自信，安贫乐道，使心灵彼岸的那个精神家园能永远燃起温暖而柔美的篝火！

剖析庄子的生命哲学，抨击"人为物役"的现象，展现和透视那些善待生命、关爱宇宙万物的博大情怀和守护人情与真性、提升精神境界的安身立命之道，将为现代人提供宝贵的人生资源，也会为现代人建构精神家园、确立生存法则提供历史借鉴。

主要参考文献

[1]司马光.资治通鉴[M].北京:中华书局,1956.

[2]马克思恩格斯全集:第三卷[M].北京:人民出版社,1960.

[3]杨伯峻.孟子译注[M].北京:中华书局,1960.

[4]郭庆藩.庄子集释[M].王孝鱼,整理.北京:中华书局,1961.

[5]班固.汉书[M].北京:中华书局,1962.

[6]亚里士多德.政治学[M].吴寿彭,译.北京:商务印书馆,1965.

[7]王符.潜夫论笺[M].北京:中华书局,1979.

[8]王弼.王弼集校释[M].楼宇烈,校释.北京:中华书局,1980.

[9]卢梭.社会契约论[M].何兆武,译.北京:商务印书馆,1980.

[10]杨伯峻.论语译注[M].北京:中华书局,1980.

[11]司马迁.史记[M].北京:中华书局,1982.

[12]陈鼓应.庄子今注今译:全三册[M].北京:中华书局,1983.

[13]罗斯科·庞德.通过法律的社会控制[M].沈宗灵,董世忠,译.北京:商务印书馆,1984.

[14]朱谦之.老子校释[M].北京:中华书局,1984.

[15]邓小平文选:第二卷[M].北京:人民出版社,1984.

[16]范晔.后汉书[M].北京:中华书局,1987.

[17]钱乘旦,陈意新.走向现代国家之路[M].成都:四川人民出版

社,1987.

[18]加缪.西西弗的神话[M].杜小真,译.北京:生活·读书·新知三联书店,1987.

[19]刘笑敢.庄子哲学及其演变[M].北京:中国社会科学出版社,1988.

[20]维克多·弗兰克.活出意义来[M].赵可式,沈锦惠,译.北京:生活·读书·新知三联书店,1991.

[21]周振甫.周易译注[M].北京:中华书局,1991.

[22]崔大华.庄学研究[M].北京:人民出版社,1992.

[23]陈鼓应.老庄新论[M].上海:上海古籍出版社,1992.

[24]邵汉明.儒、道人生哲学[M].长春:吉林教育出版社,1992.

[25]孙志文.现代人的焦虑和希望[M].陈永禹,译.北京:生活·读书·新知三联书店,1994.

[26]郑晓江.中国死亡智慧[M].台北:台湾东大图书公司,1994.

[27]史怀泽.敬畏生命[M].陈泽环,译.上海:上海社会科学院出版社,1995.

[28]高明.帛书老子校注[M].北京:中华书局,1996.

[29]牟宗三.中国哲学的特质[M].上海:上海古籍出版社,1997.

[30]牟宗三.中国哲学十九讲[M].上海:上海古籍出版社,1997.

[31]杨国荣.存在的澄明[M].沈阳:辽宁人民出版社,1998.

[32]蒙培元.心灵超越与境界[M].北京:人民出版社,1998.

[33]颜世安.庄子评传[M].南京:南京大学出版社,1999.

[34]E.博登海默.法理学:法律哲学与法律方法[M].邓正来,译.北京:中国政法大学出版社,1999.

[35]朱哲.先秦道家哲学研究[M].上海:上海人民出版社,2000.

[36]郑晓江.穿透死亡[M].南昌:江西教育出版社,2000.

[37]萧萐父,李锦全.中国哲学史纲要[M].北京:外文出版社,2000.

[38]冯友兰.中国哲学史[M].上海:华东师范大学出版社,2000.

[39]徐复观.中国人性论史·先秦篇[M].上海:上海三联书店,2001.

[40]陈鼓应,白奚.老子评传[M].南京:南京大学出版社,2001.

[41]孙以楷,陈广忠,史向前等.道家文化寻根[M].合肥:安徽人民出版社,2001.

[42]王葆玹.老庄学新探[M].上海:上海文化出版社,2002.

[43]王炳照,徐勇.中国科举制度研究[M].河北:河北人民出版社,2002.

[44]张世英.哲学导论[M].北京:北京大学出版社,2002.

[45]陈鼓应.老子今注今译[M].北京:商务印书馆,2003.

[46]弗洛伊德.弗洛伊德心理哲学[M].杨韶刚,等译.北京:九州出版社,2003.

[47]曹天予.现代化、全球化与中国道路[M].北京:社会科学文献出版社,2003.

[48]王博.庄子哲学[M].北京:北京大学出版社,2004.

[49]冯建军.生命与教育[M].北京:教育科学出版社,2004.

[50]川岛武宜.现代化与法[M].王志安,李旺,申政武,译.北京:中国政法大学出版社,2004.

[51]李霞.生死智慧——道家生命观研究[M].北京:人民出版社,2004.

[52]胡孚琛,吕锡琛.道学通论[M].北京:社会科学文献出版社,2004.

[53]房列曙.中国历史上的人才选拔制度[M].北京:人民出版社,2005.

[54]王先谦.庄子集解[M].西安:三秦出版社,2005.

[55]罗安宪.虚静与逍遥——道家心性论研究[M].北京:人民出版社,2005.

[56]胡伟希.中国哲学概论[M].北京:北京大学出版社,2005.

[57]张岱年.中国哲学大纲[M].南昌:江苏教育出版社,2005.

[58]杨国荣.庄子的思想世界[M].北京:北京大学出版社,2006.

[59]冯建军,等.生命化教育[M].北京:教育科学出版社,2007.

[60]王德有.老庄意境与现代人生[M].北京:中国广播电视出版社,2007.

[61]郭淑新.敬畏伦理研究[M].合肥:安徽人民出版社,2007.

[62]杨智磊,王兴亚.中国考试管理制度史[M].郑州:中州古籍出版社,2007.